EL SENTIDO COMÚN

EL SENTIDO COMÚN

- el menos común de los sentidos -

REYNALDO PAREJA

Número de Control de la Biblioteca del Congreso de EE. UU.:		2015936758
ISBN:	Tapa Blanda	978-1-5065-0181-9
	Libro Electrónico	978-1-5065-0182-6

Información de la imprenta disponible en la última página.

Fecha de revisión: 14/04/2015

Para realizar pedidos de este libro, contacte con:
Palibrio
1663 Liberty Drive
Suite 200
Bloomington, IN 47403
Gratis desde EE. UU. al 877.407.5847
Gratis desde México al 01.800.288.2243
Gratis desde España al 900.866.949
Desde otro país al +1.812.671.9757
Fax: 01.812.355.1576
ventas@palibrio.com
524250

ÍNDICE

AGRADECIMIENTOS

Aunque lo he dicho en libros anteriores, la producción de un libro nuevo no es el resultado del solo esfuerzo del autor. Aunque su nombre es el que aparece en la portada, son muchos los que detrás de la misma han aportado su tiempo y su colaboración para que la presente obra salga a la luz pública.

Por lo tanto debo dar unos agradecimientos muy sinceros a mi continua compañera de vida, Patricia, quien es la que siempre tiene la oportunidad de hacer la primera lectura crítica del primer borrador. Ella me brinda la perspectiva del potencial lector al que pudiera llegar este libro. Ella tiene la ventaja de tener un ojo crítico que identifica de inmediato mis errores u omisiones gramaticales más obvias e imperdonables para que no aparezcan en la versión final. A ella le otorgo mis más sinceros agradecimientos por su paciencia, pues ha leído todos mis libros antes de que estos quedaran listos para ser expuestos a la consideración de los lectores.

En segundo lugar, pero no de importancia, se encuentra mi mejor crítico y amigo, Rodolfo de Roux, que tiene una habilidad pasmosa para descubrir los pensamientos incongruentes y en contradicción, así como las más mínimas fallas de redacción. Ambos aspectos son claves para que la obra final tenga la calidad que requiere para que sea fácilmente asimilable por el generoso lector que se tomará su tiempo y atención para considerar lo que en este libro propongo.

Agradezco a todos los que, sin saberlo, han contribuído de alguna manera para inspirar los temas que he abordado. El análisis de sus experiencias me han permitido obtener las lecciones que el sentido común nos ofrece.

Preámbulo

¿Qué es el sentido común?

Pregunta fácil de respuesta difícil. Todos creemos que sabemos qué quiere decir 'sentido común' y sin embargo, cuando intentamos definirlo nos quedamos cortos de palabras, inciertos en los conceptos, imprecisos en su descripción.

El diccionario de la Real Academia Española (2014) tiene la siguientes definiciones de sentido común: "modo de pensar y proceder tal como lo haría la generalidad de las personas. Lo que está conforme al buen juicio natural de las personas".

El diccionario de internet Babylon 10 específica dicho modo de pensar y proceder asi: "el **sentido común** describe las creencias o proposiciones que benefician a la mayoría de una sociedad (familia, clan, pueblo, nación o entera humanidad)".

El diccionario Kapelusz (1979) describe el sentido común así: "la capacidad que tiene la mayoría de las personas para juzgar y proceder acertadamente".

La definición de sentido común que aporta la Enciclopedia Wikipedia del internet es: "tener buen juicio, tener cordura; modo de pensar y de proceder o comportarse como lo haría la generalidad de las personas que hayan desarrollado el sentido común".

Cuando se busca en la Enciclopedia Británica el significado de lo que es 'el sentido común' nos encontramos con una exposición mucho más elaborada; aparece como el resultado de una evolución filosófica. Se parte de la definición de 'sentido' asociándolo con los sentidos que todos tenemos y a través de los cuales comprendemos y conocemos la realidad. El resultado de este proceso no son meras ideas o impresiones subjetivas sino que este 'sentido común' contiene las cualidades correspondientes a los objetos externos y que estas cualidades las puede percibir tanto el filósofo como el iletrado.

Como se puede apreciar, no hay una sola definición del término 'sentido común'. Aunque las definiciones presentadas ofrecen algunas variantes, se puede obtener un elemento común: que el sentido común es una capacidad para entender que la poseemos todos, desde el filósofo al iletrado. Capacidad que viene inherente a nuestra condición de seres reflexivos. Esta reflexión concuerda plenamente con la definición del diccionario de la Real Academia Española en cuanto que es 'el modo de pensar y proceder de la generalidad de las personas'.

Las dos ideas complementarias que aportan los otros diccionarios es que esta capacidad nos permite hacer juicios para proceder acertadamente y que dicho proceder beneficia a la mayoría. Esta capacidad de hacer juicios lleva inherente la facultad de poder hacer reflexiones críticas que pueden discernir cuáles de las acciones que llevamos a cabo son beneficiosas para los demás, así como para nosotros mismos. Capacidad reflexiva que toma los elementos necesarios para llevar a cabo dicha reflexión de la experiencia diaria de la vida y de la lógica que advierte y anticipa las consecuencias negativas que nuestras acciones pueden tener en nosotros mismos como en los demás.

El conjunto de estas capacidades, reflexiones y habilidades son las que nos permiten elaborar un sentido común que sea patrimonio de "tener buen juicio, tener cordura; modo de pensar y de proceder o comportarse como lo haría la generalidad de las personas"

¿Cuándo se adquiere el sentido común?

Esta facultad, esta habilidad no se adquiere de golpe. Es un proceso que comienza con las primeras reflexiones que nos permiten ver y entender la causalidad entre un comportamiento y sus consecuencias en la vida personal así como en la vida de los demás. Este proceso dura toda la vida mientras reflexionamos sobre los acontecimientos, las experiencias y los eventos que nos ocurren; reflexión hecha por esfuerzo personal, o porque otros nos ayudan a hacerla, por lo general nuestros padres, hermanos mayores, o amigos más maduros. El sentido común se va adquiriendo cuando descubrimos cuáles son las formas más lógicas de responder a circunstancias, eventos y calamidades en la vida. Respuesta que va dirigida por una lógica que ve la conexión entre lo que se hace y las consecuencias que estos actos producen. La multitud de respuestas son filtradas por la experiencia que nos permite discernir qué acciones no nos convienen, qué acciones hieren y maltratan a los demás, qué acciones hacen retroceder o disminuir nuestra capacidad para crecer interiormente.

El sentido común también se adquiere a medida que se toma consciencia de quién es uno, cuál es el papel que ha de jugar en la vida, en qué consisten las relaciones con los demás. A lo largo de cualquiera de estas experiencias se va destilando una serie de enseñanzas sobre lo que conviene o no, sobre lo que estimula la bondad y las relaciones armoniosas con los demás, sobre lo que hiere y hace daño a aquellos con quienes nos relacionamos íntima o superficialmente. La comprensión de estas realidades se convierte en el sentido común personal; y en el colectivo, cuando éstas coinciden con las mismas reflexiones y conclusiones de los demás. Cuando coinciden y son acciones que contribuyen al bienestar de los demás se tiene la seguridad de que las conclusiones a las que llega el sentido común son deseables y aceptables para la mayoría que, a su vez, puede defenderlas como patrimonio universal del sentido común.

Hagamos un recorrido por varias de las etapas de la vida donde el sentido común debería dictaminar cuáles son los comportamientos más adecuados de acuerdo a las circunstancias. Nos vamos a encontrar que, con frecuencia, no utilizamos el sentido común para tomar las decisiones que nos marcan para toda la vida. Vamos a tratar de desentrañar en qué momentos dicho sentido común no se usa y por ende se pierde la guía que este debería darle a nuestras acciones.

Estos son apenas unos ejemplos más sobresalientes de nuestra vida moderna. Estoy seguro que el lector tiene los propios o conoce de circunstancias similares donde el sentido común parece estar completamente ausente de los actores de dichos comportamientos.

Desarrollo del sentido común durante la infancia

Cuántas veces oímos de pequeños que nuestros padres nos dijeron infinidad de veces que no metiéramos los dedos en un tomacorriente porque sabían que podíamos recibir una fuerte y desagradable descarga eléctrica. No importa cuántas veces oímos la advertencia, hasta que no metimos el dedo y nos dimos un buen corrientazo, no aprendimos el por qué nuestros padres nos decían con tanta frecuencia que no metiéramos los dedos allí. La experiencia del corrientazo nos brindó la comprensión de que los tomacorrientes son peligrosos si se les introduce los dedos o algo metálico.

En forma parecida cuántas veces nuestra madre nos advirtió que no nos fuésemos a saltar del columpio mientras éste estaba meciéndose. Hasta que no lo hicimos y nos raspamos las rodillas o los codos al caer sobre el suelo, no entendimos por qué nuestra madre nos hacia esa advertencia. De ahí para adelante desarrollamos un juicio generalizado de que un aparato de juego en movimiento puede ser peligroso si no esperamos a que pare antes de saltar o desmontarnos del mismo.

Las lecciones aprendidas con algo de dolor permitió que fuéramos desarrollando el sentido común entendiendo que la prohibición de nuestros padres era por nuestro bien, por nuestra protección y no porque ellos nos querían molestar cuando nos advertían de no hacer esto y aquello. El sentido común se desarrolló cuando finalmente caímos en cuenta que las prohibiciones paternas eran para nuestro bien, no para coartar nuestra libertad.

Después, cuando nos volvimos adultos y tuvimos nuestros propios hijos hicimos otro tanto; les indicamos que no fueran a meter los dedos en el tomacorriente. En forma similar, hasta que nuestro hijo metió los dedos y recibió una descarga eléctrica, entonces aprendió la lección y el por qué se le advirtió que no lo hiciera. De esa experiencia el muchacho aprendió que, como padres, sabíamos cosas que él ignoraba y que las advertencias que le hacíamos eran por su bien.

Otro momento típico en que el niño desarrolla su sentido común es cuando cae en cuenta que las acciones prohibidas por lo general tienen consecuencias, la mayoría de las veces negativas o nocivas sea para él mismo o para los demás. Esta ley de la vida se ha de convertir algún día en una regla de oro del sentido común. Toda decisión y su acción correspondiente tienen consecuencias. Lo que más nos conviene es considerar por adelantado si las consecuencias de determinado acto que se van incurrir valen la pena para llevar a cabo la acción. Entender esta ley y asimilarla para aplicarla en la vida diaria es un proceso continuo pues siempre estamos haciendo decisiones que tienen consecuencias. Pensarlas por adelantado es el mejor ejercicio del sentido común.

El sentido común durante la niñez

Más tarde, cuando entramos en la etapa de la primaria y la secundaria pasamos por esa molesta y a veces amarga experiencia de tener que presentar exámenes para pasar la materia que se está viendo.

El sentido común dice con claridad que un examen se hace con mayor facilidad y confianza si uno ha ido asimilando la materia a medida que la va explicando el maestro. Los ejercicios en clase, las tareas en casa; todos contribuyen a que se digiera el contenido de la materia de tal manera que se puedan manejar los datos y los conceptos con facilidad, especialmente en el día del examen.

Quien no estudia sistemáticamente de esta manera termina autoengañándose creyendo ingenuamente que si estudia toda la noche antes del examen, al día siguiente se va a acordar de todo lo repasado mientras estuvo combatiendo el sueño. El sentido común enseña que la noche ha sido hecha por la naturaleza para descansar, no para trabajar y menos con la mente que necesita reposo para poder manejar al día siguiente datos de conocimiento.

La falacia de este autoengaño se encuentra cuando no se hacen todos los días los ejercicios correspondientes a las tareas convenciéndonos de que basta con poner atención en clase para asimilar los contenidos de la materia que se está escuchando. Esto quizá lo pueda hacer aquel individuo que tiene una memoria auditiva privilegiada y le basta con oír los nuevos conceptos y no solo puede entenderlos sino que los recuerda después (en el examen) con una pasmosa facilidad.

El sentido común nos sugiere que analicemos y descubramos cuál es nuestro estilo de aprendizaje. ¿Somos de aquellos que nos gusta oír y entender los conceptos abstractos y de esta manera los asimilamos? ¿O somos más bien de aquellos que si no vemos la aplicación de dichos conceptos en la práctica, que si no entendemos para qué sirven no nos interesa conocerlos? O quizá la forma más eficaz de aprendizaje es cuando podemos desmembrar el objeto que se estudia, ver cómo funciona, descubrir cómo está armado, ensayar replicarlo; en otras palabras somos de los que aprendemos con las manos, manipulando, ensayando, buscando soluciones prácticas.

Descubrir la forma natural como aprendes es una de las lecciones más productivas que puedes tener en la vida pues te permitirá desarrollar al máximo las aptitudes y habilidades que tienes, pues has encontrado la forma de hacerlas florecer. El sentido común indica que esta es una de las tareas fundamentales del desarrollo personal, el descubrir cuál es tu forma, tu estilo, tu metodología de aprendizaje. El sentido común sugiere que si le dedicas el tiempo suficiente a cultivar esa forma de aprendizaje en esa medida tienes las posibilidades de triunfar en la vida.

Otra lección que el sentido común enseña durante esta etapa es que al hacer trampa para pasar un examen, para conseguir una nota, para obtener un diploma, quien se hace daño eres tú, no las personas a las que has engañado. Ellas, sin saber que han sido víctimas de tu habilidad de engaño, no tendrán nada que resentir. Seguirán su camino en la vida sin siquiera reconocer tu mal utilizada habilidad, sin tener rencor por no haberte pillado, sin sentir que no hicieron justicia a los demás alumnos que no hicieron trampa.

¿Y cuál es el daño que uno se hace? El principal es el de creer que eres muy listo pues lograste hacer algo prohibido sin que se dieran cuenta los encargados de que eso no ocurriera. Quizá fuiste listo. La prueba fue que no se dieron cuenta y que te saliste con la tuya. Pero esta astucia y habilidad queda orientada hacia el engaño. Sin saber ni entender esta gran verdad, vuelves a hacer otra trampa y te vuelves a salir con la tuya. Eso te da seguridad y confianza de que puedes seguir haciéndolo. De hecho lo sigues haciendo y no te descubren. ¿Quién fue el que salió perdiendo? ¿Los que engañaste? No, fuiste tú, porque de ahí para adelante se formó en ti el hábito de engañar a los demás para conseguir lo que deseas. Este hábito se convierte en tu manera de ser y terminas engañando a todos los que te rodean todo el tiempo y a propósito de cualquier cosa.

Esto lo sigues haciendo hasta el momento en que alguien te descubre y lo hace público. Desde ahí para adelante pierdes a los amigos pues ellos dejan de tenerte confianza. Una vez que se termina dicha confianza, es muy difícil recuperarla. Nadie va a querer arriesgarse contigo y por lo tanto prefieren evitarte. Terminas, por tu supuesta habilidad de engañar, solo y sin nadie que pueda confiar en ti. Ni siquiera logras recuperar esa confianza con tu pareja, que puede quedar tan desilusionada e insegura que te pide la separación. Si el engaño lo has hecho en el trabajo, y este se descubre, lo más probable es que pierdas el puesto.

Lección aprendida que forma parte del sentido común: si te acostumbras a conseguir lo que quieres engañando a los que te rodean, un buen día te descubren y pierdes todo lo que habías construido hasta ese momento. No se puede engañar a todos, todo el tiempo y creer que no te van a descubrir. Tarde o temprano haces un error y quedas al descubierto. El precio final que pagas es el quedarte solo, sin nadie que te quiera dar un voto de confianza.

Sentido común en y durante el noviazgo

Durante el noviazgo hay muchos momentos donde el sentido común debería funcionar y sin embargo la realidad de la vida es que muchos caen víctimas de sus propias acciones porque no las sometieron al juicio del sentido común.

En uno de los momentos cruciales donde el raciocinio del sentido común debería contribuir a tomar la decisión correcta, parece que su mecanismo dejara de funcionar automáticamente. Esto ocurre cuando el muchacho le pide a la novia que si lo quiere de veras que le de la muestra de su cariño teniendo relaciones sexuales con él. Ella probablemente ha discutido esto con sus amigas y todas coinciden en la falacia del argumento del muchacho porque si él la quisiera de veras, no le estaría presionando para que tengan relaciones bajo esas condiciones. Ella está convencida de que sus amigas tienen razón, pero frente al muchacho, al que desea conquistar de todo corazón, accede a tener una relación sexual convencida de que así la va a querer más.

Oh sorpresa! Cuando él finalmente consigue su objetivo de conquista da media vuelta y desaparece ante la consternación de ella que no entiende por qué está reaccionando así cuando ella consintió darle lo que él quería. Lo lógico, para ella, es que él estuviera aún más enamorado y deseoso de continuar la relación. Las reflexiones de sus amigas cobraron pleno sentido cuando se dio cuenta que el muchacho no quería volver a verla, ni le interesaba mantener la relación. En ese momento sintió todo el dolor de percibirse como trofeo de cacería que él finalmente consiguió. Hasta podía visualizar cómo alardeaba con sus amigos que había logrado seducirla.

No menos penoso es el resultado de no ejercer el sentido común en la relación de la pareja en lo que se refiere a ser honestos el uno con el otro. Dice el dicho popular "primero cae un mentiroso que un cojo". Cuánto de verdad tiene ese dicho y cuántas veces no caemos en cuenta que nos puede pasar fácilmente en la relación de pareja cuando le ocultamos a la novia/novio que hemos estado casados antes o que se tienen hijos de una relación anterior. Es una simple ilusión ocultar esta verdad. Tarde o temprano aparece la otra mujer y deja al muchacho expuesto como un mentiroso en quien su nueva pareja no puede confiar. Puede ocurrir de sorpresa cuando estén comiendo un helado en una cafetería y de repente uno de los hijos de la antigua relación viene corriendo a saludarlo gritando, "Papá, papá..." mientras él palidece al verse súbitamente expuesto en el secreto que quería guardar a toda costa.

La mayor falta de sentido común ocurre al pensar que cuando él o ella descubra este secreto eso no va a cambiar profundamente la relación entre los dos. Tan seriamente la afectará que probablemente el rompimiento sea inevitable, sea porque la confianza se resquebrajó, sea porque es imposible aceptar la condición previa del compañero dado que el haber tenido una relación estable antes, con posibles hijos de por medio, cambia profundamente el estado civil del enamorado. Ya no se pueden ver bajo la misma lupa. El otro se convierte, en un instante, en un desconocido con el cual no quiere seguir teniendo una relación.

Relaciones sexuales sin compromiso – (¿Dónde escondieron el sentido común?)

Las nuevas generaciones están creciendo con la creencia, el criterio y la actitud que las relaciones sexuales pueden ser simplemente un encuentro consensual de dos personas necesitadas biológicamente de tener un desfogue sexual sin que por ello se deba tener algún compromiso emocional con la persona con quien han tenido relaciones. Esto se ve en multitud de películas donde el encuentro fortuito en una discoteca, en un bar es suficiente para que las dos personas inmediatamente hagan 'contacto' y sientan 'las vibraciones' del otro tan fuertes que tienen que ir a buscar un motel u hotel o ir al apartamento o casa del otro donde puedan tener las relaciones. Al día siguiente se despiden muy cortésmente, y el acuerdo es de no buscarse, no llamar, no iniciar una relación que comience a tener visos de compromiso emocional. Lo que se ha compartido es tan solo un momento intenso de pasión y desfogue con un desconocido/da que posiblemente ha permitido que sea un episodio de sexo voluptuoso porque ambos están dispuestos a participar en actividades sexuales diferentes a las que normalmente no tienen con sus esposas, o sus compañeras. Estas manifestaciones voluptuosas e intensas hacen de dichos encuentros momentos privilegiados para experimentar sin tener que arriesgarse a presentarse frente al otro como un desviado, o como una 'experimentada'.

El sentido común y la experiencia de muchas parejas a través de cientos de años nos dicen que las relaciones sexuales de una pareja son uno de los momentos más intensos e íntimos en los cuales se pueden manifestar el amor del uno por el otro, así como el deseo de entregarse totalmente al compañero/ra.

Pensar que se pueden tener relaciones sexuales que sean 'neutrales' de sentimientos y que no involucren emocionalmente a ninguno de los dos, que sean tan solo una relación física, es un engaño y una falacia de proporciones milenarias. Los hombres y las mujeres han sido creados de tal manera que tienen una profunda atracción del uno por el otro. En miles de casos individuales esta fuerte atracción se consolida en un compromiso de largo plazo sea por la vía del matrimonio, sea por la vía de la convivencia como pareja.

Divorciar el acto sexual, como expresión de una sincera y profunda entrega del uno por el otro, para convertirlo en una mera relación física, es simplemente insostenible. El sentido común nos dice que muy pronto uno de los dos desea intensamente que la relación no sea simplemente física, sino que sea la expresión de una relación estable, a largo plazo. El enamoramiento en estas circunstancias es casi automático. Uno de los dos se descubre amando al otro sinceramente con el deseo de hacer vida común y de darle a la relaciones sexuales 'neutras' un significado nuevo, profundo, que supere el ámbito de la satisfacción meramente física y temporal.

Pretender pues, que sea posible crear una relación como lo ha querido hacer una película cuyo nombre en inglés, "Friends with benefits" ("Amigos con beneficios") es una ilusión cinematográfica. La tesis central de la película es que se puede tener una amistad que incluya las relaciones sexuales como un 'beneficio' adicional, pero no necesariamente comprometedor. En estas circunstancias ambos aceptan que dicha relación se lleva a cabo en un plano estrictamente neutro en cuanto a la parte emocional y no se deja entrar en la ecuación para no echar a perder el acuerdo de tener relaciones sexuales sin el compromiso del noviazgo, mucho menos el de una relación estable tipo matrimonio.

Esta invención de Hollywood no tiene viabilidad. En la misma película, la tesis no se sostiene. Lo que parece ser la realidad ideal pronto se convierte en una situación insostenible cuando el corazón, las emociones y los sentimientos comienzan su danza interna buscando del otro algo más que un simple contacto físico.

El sentido común afirma que esta propuesta es un autoengaño que termina por dejar profundas heridas en el corazón del uno o del otro. Con demasiada frecuencia es la mujer la que, insatisfecha, vacía y frustrada intenta llevar la relación al escalón del compromiso para descubrir con horror que las palabras dulces y engañadoras del casual compañero no tienen sinceridad, no se sostienen, ni tienen futuro. En esos momentos dolorosos es cuando entiende que el sentido común le falló al convencerse de que era posible sostener la relación en un plano solamente físico, sin involucrar el corazón y los sentimientos.

Tratar de mantener este tipo de relación cuando ya existe una relación matrimonial o de pareja estable se traduce en tener un 'amiga/go con beneficios', sin que la pareja se entere. La falla del sentido común es creer que esa situación se puede sostener indefinidamente sin que el otro/otra lo descubra. Nada más lejos de la realidad ! Más temprano que tarde ella/él cae en cuenta de su existencia y en ese momento lo más probable es que le exija al compañero a que elija entre dicha 'amiga con beneficios' y ella, pues no está dispuesta a compartirlo así como él lo desea y por ende le exija la exclusividad o la terminación de la relación.

Esta determinación aparece con más frecuencia en la mujer que en el hombre. Para él este arreglo es la situación ideal en cuanto tiene una amante que no exige ningún compromiso, pero sí le brinda los beneficios de relaciones sexuales libres de ataduras o demandas emocionales. En ese sentido él cree que está protegido, pues está autoconvencido que la amante no tiene motivo para dar a conocer la relación, o para presionarlo a que deje a la compañera para quedarse con ella.

Hacer este razonamiento a tiempo y antes de enredarse con dicho tipo de amiga, es evitarse un dolor de cabeza y de corazón de proporciones telúricas, pues nada raro tendría que la compañera termine dejándolo, especialmente si dicha relación con "la amiga" se ha sostenido durante un tiempo considerable.

Los compañeros que moldean el comportamiento

Hay un dicho que dice, "Dime con quién andas y te diré quién eres" que se puede modificar ligeramente para que diga, "Dime con quién andas y te diré cómo te comportas".

Este dicho tiene mucho de sentido común. Dependiendo del tipo de personas con quienes mantienes contacto frecuente o diario, terminas de alguna manera adoptando los criterios de vida de ellos porque, cuando están en grupo, la presión que este ejerce para que todos se comporten de esta o aquella manera es por lo general más fuerte que la voluntad y creencias del individuo. Caso típico son las reglas tácitas que el grupo en una unidad del ejército impone a los miembros de la unidad. Por lo general, el deseo y la necesidad de ser aceptado por el grupo es más fuerte que oponerse al mismo cuando no se está de acuerdo con la forma de pensar o de actuar de la mayoría.

De ahí que las compañías de andanzas se convierten fácilmente en las que deciden qué hacer, aun cuando no lo queramos hacer, o no estemos de acuerdo con esa forma de proceder.

Estas pésimas compañías son frecuentemente las que promueven el consumo de alcohol para llevar a cabo cualquier actividad, sea esta simple o compleja. Entre más intensa y exigente sea la actividad, más se recurre al alcohol como ayuda para 'desinhibirse' de los frenos o temores que se tengan en llevar a cabo lo que el grupo decida. La desinhibición que causa el alcohol ayuda a disminuir la reflexión de las consecuencias que dichas acciones tendrán; si estas tienen un beneficio real o si más bien pueden impactar negativamente la vida de los afectados.

Alrededor del alcohol se construye un mundo que tiene su propia realidad, su propia dinámica. En ese mundo 'desinhibido' los consumidores se dan el permiso para hacer lo que, en estado sobrio, probablemente no harían. Algunas de estas acciones son tales como la de gastar el tiempo y el dinero frecuentando bares y discotecas donde el participante puede ahogar, con el ruido y las luces centelleantes, el peso de su consciencia y la aberración de su vida sin sentido. Los organizadores de estos establecimientos, a su vez, saben que la forma de mantener satisfechos a sus clientes es proveyéndoles la diversión en todas sus formas: visuales, auditivas, y sensoriales. De ahí pues, la música que ahoga el diálogo y estimula el baile erótico, los cigarrillos y la droga que embrutecen la mente, los diferentes licores que satisfacen todos los gustos y paladares, los rincones oscuros donde las parejas pueden estimularse mutuamente sin ser molestados.

El supuesto paraíso vivido con intensidad la noche anterior solo deja una resaca soberana al día siguiente con un dolor de cabeza que siente que le explota y con un malestar general que le impide ir al trabajo o hacerlo bien. Este es el premio real que el licor produce: una intoxicación embrutecedora que muchas veces lleva al individuo a encontrarse en situaciones de riesgo que suelen terminar en tragedias. Es el caso de la pelea que surge cuando uno de los que ha bebido demasiado y se ha 'desinhibido' lo suficiente se siente que es un superdotado de fuerza y desafía a otro que está en el mismo estado y los dos terminan enzarzados en una contienda de puños y golpes que suele terminar en que alguno de los dos tiene la cabeza rota por un botellazo que le propinó el otro, el brazo maltratado por una llave de lucha libre, el hombro dislocado porque fue lanzado por encima de la cabeza del contrincante, o la sangre fluyendo de una herida en la cara causada por un soberano puñetazo.

Lo triste de estos encuentros se da cuando uno de los dos tiene un arma que saca en el momento menos esperado y la usa contra el otro sea disparándole un tiro, o acuchillándolo mortalmente. Esta tragedia no es menos dramática que la que le suele ocurrir al que maneja embriagado, pierde el control del automóvil y se estrella contra otro vehículo o contra algún obstáculo muriendo al instante o quedando inválido para el resto de su vida. Pero son muy frecuentes los casos en que el borracho sale ileso del accidente mientras que murieron todos los pasajeros del carro que estrelló. En esos casos, el que ingirió el alcohol y salió ileso tendrá que llevar el resto de su vida la imagen de aquellos a quienes les cercenó la vida por no haberle hecho caso a su sentido común que le decía que beber y manejar son una pésima combinación.

El sentido común puede fácilmente seguir la lógica de esta descripción y darse cuenta que acostumbrarse a tomar alcohol para 'estar en onda', para 'sentirse bien', para 'desinhibirse', para 'gozar del momento', para 'integrarse al grupo', es exponerse a cualquier incidente peligroso y hasta trágico porque el alcohol altera la mente y el cuerpo. Lo hace con tal eficacia que fácilmente produce un accidente, un mal momento, o una indeseable catástrofe.

El alcohol de por sí es un destructor gradual de lo mejor que tenemos: nuestra mente y extraordinaria capacidad de la creatividad. Con el alcohol la anulamos, la aniquilamos o la deformamos para darle rienda a su peor expresión. Esto lo vemos una y otra vez, desde pequeños, cuando los amigos de nuestros papás, o nuestro mismo papá, se transformaba en una bestia, en un incontrolable que balbuceaba insensateces, que se tambaleaba porque no podía sostener el equilibrio, que entraba en momentos de cólera irracional y golpeaba a todos los que podía, aun a los que quería. Este triste espectáculo se repite cientos, miles de veces en todos los países del mundo. Ser testigos de semejante cuadro tan triste debería formar nuestro sentido común para concluir que el alcohol atonta, disminuye, destruye lo mejor de nosotros mismos y nos deja expresando lo peor de lo que somos capaces. La conclusión lógica de esta reflexión es que debo hacer lo posible para no caer en sus redes evitando los supuestos amigos que todo lo confrontan y resuelven solo cuando están ebrios.

Hay otras 'amistades' que se comportan del mismo modo que los que beben; son los que consumen drogas. Lo hacen casi por los mismos motivos que el que bebe, pues desean escapar de la dura realidad que viven para irse a refugiar en ese mundo nebuloso de alteración química de su cerebro donde creen experimentar la paz, y donde viven una ilusoria experiencia sensual en la que todos los sentidos perciben los olores, los sonidos, y los objetos en un nivel de alterada claridad que creen que ese estado alterado de consciencia es como quieren vivir su realidad diaria. En ese mundo artificial vivido con una intensidad jamás soñada, creen hallar un paraíso de descanso y de plena felicidad. En ese estado de desconexión con la realidad, nada les preocupa, nada les altera la falsa sensación de estar en ese paraíso. Paraíso que se esfuma como una nube de verano desvanecida por un suave viento para quedar sumido en un estupor que anula toda consciencia del momento y por ende toda conexión fructífera con el presente.

Estos consumidores de droga han perdido el contacto con su sentido común. Apenas si perciben cómo van perdiendo la capacidad para abstenerse de consumir la droga pues ya los tiene atrapados. La dependencia es cada vez mayor y entre más se drogan menos posibilidad tienen de sostener un trabajo estable. Nadie quiere soltarle a un drogadicto un puesto de responsabilidad porque sabe que no puede manejarlo. Cuando el atrapado por la droga necesita dinero para comprarla puedes imaginarte a quien va a pedírselo. A sus supuestos 'amigos' que, o lo rechazan por impertinente, o peor lo presionan para que haga algo deshonesto como por ejemplo robarse el dinero, o peor causarle daño serio a un enemigo como condición para recibir el dinero que necesita.

El sentido común nos dice que esta clase de 'amigo' que te incita a consumir droga o a pedirte dinero para comprarla es el que hay que evitar a toda costa. Lo mejor es huir, no estar cerca de él. No es tu amigo, es una sanguijuela que te ha de chupar hasta el último céntimo que pueda con tal de seguir viviendo en su supuesto paraíso. El sentido común te grita con anticipación que esta clase de compañía lo único que te acarrea son dolores de cabeza, y evitarla es ahorrarte un sin número de malos ratos, o momentos de auténtico peligro para tu salud, la de tus parientes y conocidos.

"Yo me puedo controlar"

Ya que estamos en el tema de las drogas, hay que poner de relieve otro engaño que el que se inicia en el consumo de la droga le hace al sentido común. Este autoengaño es el creer que con probar una vez alguna droga adictiva (ya se trate de tabaco, marihuana, o coca) no es suficiente para que esta lo atrape a uno y lo 'obligue' a volverla a consumir. El engaño se encuentra en el mismo hecho de probar la droga porque la primera experiencia de euforia puede ser tan intensa que le ha de quedar el deseo de volverla a probar para ver si tiene el mismo efecto que la primera vez.

Por lo tanto, el pensar que 'se tiene el control' del consumo de una droga fuerte, es no caer en cuenta que la droga tiene un poder adictivo que está por encima de la voluntad del que la consume. Después de dos a tres veces que se la consuma, la cuarta vez se hace con más facilidad, y así la quinta y demás que rápidamente le suceden. No hay el tal control del consumo. El control lo toma la droga y lo impone férreamente en el consumidor. Es la naturaleza de su contenido químico: el estimular automáticamente el sistema nervioso del consumidor para que este se sienta navegando en el 'oasis de bienestar' en el que desea fervientemente estar.

La falta de sentido común en estos casos es el convencerse de que 'con probar una vez, uno no se envicia'. Podrá ser cierto para las primeras dos hasta tres veces, pero dependiendo de la inmadurez de su personalidad, de los traumas de los que quiere escapar en ese paraíso artificial, es muy probable que se sienta poderosamente atraído a seguir consumiendo dicha droga porque encuentra en ella el perfecto escape a lo que define como su 'infierno personal'. Una vez atrapado en ese gancho feroz de la dependencia es muy improbable que quiera dejar de usar la droga y se convierta en un fiel consumidor. De ahí para adelante prefiere perder el control sobre sus sentidos que afrontar la vida diaria.

Vivo testimonio de cuán poderosa es esta garra de dependencia lo evidencian aquellos adictos que, en un momento de lucidez, deciden someterse a un tratamiento de desintoxicación. Los efectos del proceso de limpieza son verdaderamente dolorosos, angustiosos, debilitantes, demoledores. Estos sujetos se retuercen de dolor, gritan de desesperación, tiemblan como hojas en otoño, vomitan sin parar, tienen pesadillas, sudan copiosamente, y quedan literalmente exhaustos después de cada sesión crítica. Un verdadero infierno de purificación para liberarse de una dependencia que ingenuamente creyeron que podían controlar.

El sentido común puede ayudarnos a entender, a visualizar, a comprobar en cabeza ajena que hay ciertas experiencias que no se deben tener porque sus consecuencias son desastrosas, devastadoras, aniquiladoras de lo mejor de nosotros mismos. Una de ellas es sin duda la droga, en cualquiera de sus manifestaciones. "Quien con fuego juega, con fuego se quema" dice el dicho popular y en este campo su profecía se verifica a diario.

En el Matrimonio

El matrimonio es una de las etapas de la vida donde el sentido común parece que tuviera amnesia porque son muchos los momentos en los cuales uno de los dos termina haciendo precisamente lo contrario a lo que la lógica del sentido común le indica.

Comencemos por el momento en que uno pierde la capacidad para reflexionar porque está tan enamorado que lo único que ve y piensa es en ella o en él mientras llega el momento de estar exclusivamente con ella o con él. En esa ensoñación no tiene oportunidad para pensar con la cabeza fría y caer en cuenta de que, cuando uno se casa, no se casa solamente con la novia, uno se casa también con la familia de esta o viceversa.

Al unirse a la familia de ella/él se relaciona en forma intensa con sus padres, sus hermanos o hermanas, sus primos, sus tíos y hasta sus abuelos. Al entablar esta relación también se abre la compuerta de todos los dramas que cada uno de ellos ha vivido o está viviendo. Así se entera uno del divorcio de los padres o de alguno de los hermanos, del abuso doméstico por parte del padre o de un hermano casado, del muchacho que tiene problemas en el colegio porque no pone atención o porque simplemente tiene una deficiencia de aprendizaje que no le han detectado y por ello no le han puesto atención ni solución. No falta el caso de uno de los familiares que tiene un pasado borrascoso de encuentros con la ley, alguno que es alcohólico no declarado, o drogadicto escondido, o uno que tiene serios problemas siquiátricos pero nadie quiere tomar la decisión de internarlo en un sitio adecuado porque no se atreven a ser tildados de insensibles y sin compasión.

La familia del otro es simultáneamente un motivo de alegría como de exasperante realidad que hay que afrontar aunque no se desee hacerle frente. Ellos están ahí, conviven con la muchacha de alguna manera, marcan su existencia y no se puede librar de su influencia.

Creer, pues, que uno se casa solo con la novia de sus sueños, con la mujer deseada sin ninguna relación o atadura con sus familiares es el más grande autoengaño en donde el sentido común parece no existir.

Si se tiene cabeza fría para oír la voz del sentido común se hace un contacto deliberado con la familia de ella/él para darse mínimamente cuenta de cuáles son los potenciales problemas y conflictos con los que ha de vivir en el futuro. Esto no quiere decir que uno tiene que encontrar una compañera o compañero cuya familia sea 'perfecta', donde los conflictos familiares no estén presentes. Ese tipo de familia no existe; es un ideal deseado, pocas, poquísimas veces encontrado. Todas las familias tienen sus conflictos personales, sus oscuros secretos, sus tragedias individuales o colectivas, sus odios y rencores.

Si uno está pensando seriamente en establecer una relación matrimonial o de pareja conviene que averigüe, antes de hacerlo, con cuáles de esos secretos o tragedias está dispuesto a convivir a largo plazo. Puede ser que haya algún secreto o tragedia que sepa por adelantado que no podrá lidiar, como por ejemplo, que la madre de la enamorada tenga severos problemas sicológicos que van a hacer imposible el vivir tranquilamente casado con la que amas pues la suegra estará siempre inmiscuyéndose en la relación, prácticamente dictándole a tu futura esposa qué hacer, qué no hacer, cómo manejarte, etc. Hay suegras que son campeonas en acabar con un matrimonio. Qué mejor que darse cuenta a tiempo y poner barreras o negociar condiciones tales como no vivir en la misma ciudad donde la suegra reside. De no hacer esta negociación previamente, se corre el riesgo real de sufrir el embate de un contrincante difícil de enfrentar.

Creer que uno va a hacer cambiar la personalidad del otro porque lo ama.

Este es quizá una de las mayores falacias que se tienen en el matrimonio. En esta creencia el sentido común se ha esfumado. Es el autoengaño que confunde el amor ciego con el amor reflexivo. Se siente uno tan enamorado, tan sinceramente ligado a la persona con quien desea compartir el resto de sus días que no se acuerda, o no quiere admitir, que todos tenemos estructurada nuestra personalidad cuando entramos en una relación estable y seria, en un matrimonio a largo plazo.

Son sanos y buenos deseos el querer ligar su vida con la de otro/otra para el resto de sus vidas. Esa es la actitud correcta y la base para el triunfo de una relación de largo plazo. Pero esta actitud no nos exime de caer en cuenta que la forma de ser, de pensar del otro/otra está ya firmemente definida cuando nos conocemos. Somos quienes somos y probablemente esa ha sido una de las razones más poderosas para que la relación se dé. Nos atrae profundamente su forma de ser. Es la que estaba buscando y ahora que la encontré, no la quiero perder.

Pero la realidad de la vida es que el otro/otra no es perfecto. Cada uno tiene su bagaje de peculiaridades, de maneras de ordenar las cosas, de tender la cama, de preparar la ensalada, de arreglar los muebles de la casa, de poner flores en sitios precisos, de apreciar un tipo de cuadro y querer colgarlo en determinado puesto de la casa, de dormir con una o dos cobijas, la forma de estrujar la pasta de dientes, de colgar las toallas, de usar el inodoro. Todos estos y muchos más detalles son los que expresan nuestras preferencias, nuestras fobias, en breve, la forma como nos criaron.

Con todos y con cada uno de ellos hay que hacer un proceso de adaptación, de negociación, de aceptación. Pretender que porque lo/la amo sinceramente y con todo el corazón, que por esa sola razón se puede cambiar la forma de ser de tu pareja, es un engaño que te ha de llevar a momentos de muchas lágrimas, pues normalmente el individuo solo cambia cuando está listo para cambiar, no por el solo hecho de que se lo pida el compañero (ra).

La personalidad lleva mucho tiempo en formarse. Los hábitos, las costumbres y las actitudes igualmente. Pero una vez que estas son adquiridas, duran para el resto de la vida. Varios ejemplos pueden servir para visualizar este componente del desarrollo de la persona. La manera como la mamá preparaba el pollo guisado fue uno de los platos favoritos con que el chico creció. Se acostumbró a la magnífica combinación de la cebolla cocida, mezclada con un ojo de ajo, los tomates maduros, la justa cantidad de sal, el punto de cocción de la carne en la olla, las yerbas aromáticas, la salsa 'barbecue'. Todo esto combinado le daba a la carne del pollo un gusto muy especial, y solo su mamá lograba repetir ese exquisito plato cada vez que lo preparaba. El muchacho crece y si el pollo que se come después no está mínimamente preparado como lo hacia la mamá, la probabilidad de rechazarlo es muy alta, fuera de la frustración de que su mujer no pueda hacer un pollo tan exquisito como el que hacía su madre.

Es común el caso de la muchacha que se acostumbró a dormir con dos cobijas desde el comienzo de la noche, mientras que él apenas si se tapaba con la sábana. Ella insiste en dormir cerca de él para sentir su calor y él no puede dormir por el calor que ella genera cuando está contra su cuerpo. En este caso la dormida se convierte en una lucha de cobijas y de espacio. Otro ejemplo típico es el muchacho que creció mimado por su madre quien le arreglaba todos los días la cama, le recogía la ropa para ponérsela nítidamente en el armario. A medida que fue creciendo se volvió más desordenado; dejaba más ropa regada en el piso. La abnegada madre seguía recogiéndola sin exigirle colaboración. Cuando el muchacho se casa continúa con su hábito aprendido desde pequeño de dejar la ropa que se quita tirada en el piso suponiendo que su mujer la va a recoger. Esto lo sabe la muchacha antes de casarse pero está convencida de que lo puede hacer cambiar de hábito. Oh sorpresa cuando descubre que por más que ella le pida, lo exhorte y hasta le exija no botar la ropa al piso, el muchacho se hace de oídos sordos y sigue con su habitual comportamiento.

El lector ya se habrá dado cuenta de cuantos ejemplos se pueden ofrecer en los que alguno de los dos hace algo que aprendió desde chico y que irrita al otro por muchas razones. El sentido común sugiere que se den el tiempo suficiente para conocer el mayor número de rasgos posibles que pueden chocar con el otro/otra para determinar si pueden vivir con dicho rasgo o comportamiento porque es claro que ninguno de los dos va a cambiar mágicamente por el solo hecho de convivir juntos.

Si este análisis previo no es posible llevarlo a cabo, el sentido común sugiere que cada uno tome la iniciativa de averiguar cómo se siente respecto de cualquier rasgo de la personalidad del otro que sospecha que no ha de poder aceptar o adaptarse a él. Es mucho más favorable para la relación caer en la cuenta de esta disparidad antes del matrimonio que verificar su existencia una vez casados. Es mucho más sano caer en cuenta de la potencial incompatibilidad antes del matrimonio y tomar la determinación de no arriesgarse a confirmarla después de casados.

Pero la más común es que la mayoría de los novios no hablan de estos detalles cuando están de novios precisamente para no dar una 'mala imagen' frente al otro/otra. La realidad es que descubren que se han casado con una persona que da la impresión de ser 'totalmente diferente' de la que conocían antes del matrimonio. En este momento el sentido común entra en acción para salvar la situación cuando ella/él abren el diálogo constructivo y analizan lo que está ocurriendo, lo mucho que le molesta este o aquel rasgo de su personalidad y determinar cuánto están dispuestos el uno y el otro a modificar el comportamiento que tanto irrita. Sin un diálogo calmado, sin un análisis que descubra el origen del comportamiento es muy difícil que se pueda obtener un cambio real de ninguno de los dos. Es, pues, absolutamente necesario que se dé dicho diálogo analítico si se quiere encontrar una solución viable a este tipo de situaciones que tarde o temprano las parejas han de enfrentar.

Pensar que si ganó el argumento ganó la batalla

He aquí otro de esos famosos errores que se tienen en el matrimonio. Es el pensar y quedar convencido que las razones que he expuesto dan la victoria al argumento que estoy defendiendo. En una confrontación de opiniones diferentes, en un forcejeo de voluntades, en una batalla de ideas normalmente suele haber un ganador y un perdedor. Si yo tengo la razón en lo que he expuesto, si mis argumentos son contundentes, lo lógico es que ella ha perdido la contienda.

Si yo tengo la razón, ella se ha equivocado. En esa situación lo que se ha logrado es afianzar el resentimiento que el uno o el otro va a tener por sentirse perdedor. El sentido común afirma que en un choque de personalidades, los dos ganan si no hay perdedores. Si se logra resolver las diferencias por la vía de la razón, por la vía del análisis desapasionado, por la vía del ceder cada uno algo de la posición intransigente, se tienen dos ganadores. No se trata en este contexto de proclamar un ganador y un perdedor, sino más bien de proclamar dos ganadores. Sobre esta base sí es posible construir la relación. En el otro caso tan solo se alimenta el resentimiento que irá aumentando hasta el momento en que explote uno de los dos porque no aguanta seguir siendo el perdedor. En ese momento el victorioso habrá ganado la batalla pero habrá perdido la relación.

El matrimonio se construye con la base de la paciencia, del diálogo, del ceder para que el otro crezca, de aceptar lo que no se puede cambiar, de adaptarse para limar las asperezas de carácter del otro/otra. Es en el diálogo constructivo donde el sentido común afirma que se deben dar las discusiones, las negociaciones de pareja. Sin diálogo constructivo no es posible echar bases sólidas mucho menos levantar muros de sostenimiento del matrimonio.

El sentido común permite reflexionar para concluir que no vale la pena imponer, ganar el argumento cuando se sacrifica la relación. Es un tesoro superlativo mantener vivo el matrimonio, creciendo, fortaleciéndose, especialmente cuando hay niños de por medio, en vez de sentir el gusto de haber ganado un argumento, muchas veces superficial e irrelevante. Poner en la balanza del bien mayor el sacrificio de mi pequeñez ganando un argumento es poner en práctica el sentido común.

La infidelidad bien escondida

No es de extrañarse oír que un amigo de muchos años atrás fue agarrado in fraganti con una querida en un motel fuera de la ciudad. Es la escena típica de una cantidad impresionante de películas que tratan del tema de la trilogía amorosa dentro del matrimonio. A pesar de que hemos visto una multitud de películas y conocemos de sobra el argumento y cómo termina la relación; sin embargo, cuando aparece la mujer que lo deslumbra a uno y lo hace soñar con la querida perfecta, olvidamos, en un abrir y cerrar de ojos, todo lo que se ha vivido con la compañera. Se adentra en la aventura amorosa con la querida con el convencimiento de que puede mantener la relación oculta de su esposa, si maneja la situación con 'tacto y cuidado'.

El sentido común nos dice que si hay algo imposible de mantener oculto a la compañera es que se está enredado emocionalmente con otra mujer. Tarde o temprano la esposa se da cuenta del cambio de comportamiento del compañero, las frecuentes perdidas los fines de semana con excusas poco convincentes, el ligero olor diferente cuando regresa de una de esas salidas, el evadirla cuando ella intenta invitarlo a tener relaciones. Los detalles comienzan esporádicos, pero a medida que va pasando el tiempo, él va intensificando el número de encuentros con la querida, va acumulando las excusas, va aumentando el alejamiento emocional con la esposa, entonces la sospecha comienza a tomar cuerpo y la esposa inicia un seguimiento sistemático de sus actividades después del trabajo hasta que logra conseguir alguna prueba fehaciente de que le está siendo infiel con otra mujer.

La prueba puede ser cualquier cosa: un mensaje en el teléfono de él con una voz femenina que lo cita a determinada hora en determinado sitio, un mensaje en el celular en donde se sugiere claramente un encuentro, una llamada de la otra en un momento inesperado en el que él está con su esposa e hijos urgiéndole que tiene que verlo, una dirección donde se van a ver que él anota en un cuaderno, un seguimiento que ella le hace a él después del trabajo que la lleva a un hotel donde ella descubre en la recepción que se ha registrado con otra. Cualquiera de estos detalles puede descubrirlo y dejar en plena evidencia que tiene la relación infiel con otra mujer.

¿Dónde está la falla desde el punto de vista del sentido común? La falla consiste en creer, en autoconvencerse, que puede sostener una relación de esa clase oculta y segura sin que su mujer se entere. Tarde o temprano va a cometer un error pequeño, un desliz, un descontrol de las variables y su mujer se va a enterar que está enredado afectivamente con otra. Es prácticamente inevitable. Cuando la relación de infidelidad se vuelve intensa, se comprometen los sentimientos y el corazón con la otra, es imposible ocultar este cambio de actitud y de expresión afectiva con la esposa. Somos el producto de nuestros sentimientos y de nuestras emociones. Estas nos traicionan o expresan lo mejor de nosotros mismos. En una relación de infidelidad simplemente nos traicionan pues comenzamos a comportarnos de acuerdo a la intensidad de afecto que se desarrolle por la otra mujer. Esto no se puede ocultar por más precaución que se tenga, por más control que se despliegue de las emociones.

El sentido común no se equivoca cuando nos advierte que una relación de infidelidad es insostenible a largo plazo. Tarde o temprano la esposa/compañera se va a dar cuenta que se está involucrado con otra y va a demandar que se haga una elección, ella o la otra. En ese momento se ha jugado con el futuro independientemente de lo que decida. Si decide dejar a la otra y quedarse con la esposa va a tener que hacer un largo recorrido para ganarse la confianza de ella, pues se ha roto el vínculo sagrado de la promesa de exclusividad. Para la esposa, si la ha traicionado ahora, lo puede hacer en el futuro. Lo más probable es que tenga que entrar en un periodo de severa prueba para demostrar sincero arrepentimiento y un comportamiento acorde con ese arrepentimiento.

Si él decide abandonar su mujer y seguir con la otra, los cambios que tiene que hacer son radicales. Entre ellos, el arreglar legalmente la relación con la esposa sea por la vía de la separación, sea por el divorcio. En cualquiera de los dos casos el costo financiero no demora en aparecer, especialmente si hay niños con la esposa que implican un pago de sustento hasta que sean mayores de edad. Esto sin considerar lo que se tiene que seguir pagando de la hipoteca de la casa, especialmente si los papeles están hechos a nombre del varón.

Pensando por adelantado, reflexionado a fondo, la infidelidad es demasiado costosa, demasiado complicada, demasiado extenuante como para dejarla entrar creyendo que va a encontrar la mujer ideal. Tendría mayor sentido el acabar con el matrimonio si éste ya está agotado, darse mutuamente la libertad de buscar otra pareja, y hacer el proceso de forma limpia y honesta. Es la mejor manera de disminuir el impacto en los hijos que forzarlos a que descubran que se tenía una relación con otra mujer mientras engañaba a su esposa, y por ende a ellos.

La Relación de pareja

El embarazo- solución

Qué engaño y falta de sentido común cuando se cree y se procede a tener un embarazo como solución a los problemas de fondo de la pareja. Ni el embarazo ni la llegada de un nuevo bebé solucionan los problemas de una pareja. Por el contrario, los agudiza y los exacerba al punto que el embarazo se presenta como un espectro, como una amenaza, como una coerción y es el hombre quien normalmente sale corriendo cuando se enfrenta a esta demandadora situación.

El advenimiento de un nuevo bebé es, de por sí, un evento de proporciones telúricas. Todo tiene que reacomodarse para su advenimiento. Nada de la rutina que se tenía como pareja sin hijos o con un bebé previo vuelve a quedar en su puesto. Todo, absolutamente todo lo que se consideraba normal, sufre el remezón del calibre de un terremoto y la pareja tiene que volver a hacer una serie de ajustes de fondo tanto en su actividad social, como en el funcionamiento de las labores en la casa. Si esto es lo normal que ocurre cuando llega un bebé, cuánto más afectará a la pareja la venida de un bebé si la relación de los dos es precaria, está a punto de terminar o de quebrarse irremediablemente.

El bebé por venir debe ser el fruto del amor intenso que se tiene la pareja, no el supuesto remedio para una relación que se desmorona. No hay nada mágico para que su venida resuelva los problemas de la pareja. Estos se resuelven afrontándolos directamente, buscando las razones de fondo por las cuales dichos problemas existen. El bebé no es el sicólogo, ni el consejero que ha de resolver el problema que está viviendo la pareja. Él es quien es, y viene a la Vida como regalo, no como solución. Someterlo a que llegue a un hogar desbaratado, a unos corazones que no lo quieren en ese momento, a una relación que se ha terminado, es no usar el sentido común, es ocultar el problema de fondo y pretender que se resolverá porque el bebé viene en camino.

Un bebé no deseado o buscado por las razones equivocadas jamás ha resuelto los problemas de la relación de pareja porque esa no es la razón de su existencia. Un bebé debe llegar a un hogar porque se lo desea, se lo busca para ofrecerle un nido donde nacer y crecer, se le da la bienvenida porque el amor de los dos se desborda para cobijar con amor a la expresión más sublime de ese amor, la llegada de un bebé.

La conclusión lógica de esta reflexión es obvia. El sentido común permite entender que lo que menos debe hacer una pareja es 'encargar' un bebé con la falsa ilusión de que su llegada va solidificar el amor reducido de uno de los dos, va mágicamente a volcarse sobre su llegada y por lo tanto se van a disolver los roces y confrontaciones que la pareja tiene y que no ha resuelto. El bebé no solucionará los conflictos existentes sino que los agudizará, siendo él una de las víctimas más afectadas.

La lógica pensada al revés

Hay mujeres cuya lógica parece funcionar al revés contradiciendo lo que el sentido común puede ver con claridad. Esto ocurre cuando deciden, siguiendo un razonamiento que no tiene 'pies ni cabeza', que van a dejarse embarazar, tener un hijo más, para después separarse o divorciarse.

¿Cuál es la razón de fondo para proceder de esta manera?

Las respuestas que se oyen dichas por estas mismas mujeres muestran la falacia de su razonamiento. Unas explican que, como solamente tenían un niño, no querían que éste creciera solo sin la compañía de un hermanito/ta. Este crecer acompañado con un hermanito parece tener más peso que crecer separados de su padre. Además, les parece que si va a tener un hermanito/ta es mucho mejor que sea del mismo padre para que así sienta que el hermanito/ta es verdadero y que no tenga confusión en el futuro si ella vuelve a tener otro hijo con otro hombre y resienta que tiene un hermanastro y no un verdadero hermano. Otras piensan que si se divorcian legalmente, el ex-marido va a sentir más la obligación de contribuir al sustento de los hijos, pues siendo dos o tres hijos es mayor la obligación. No faltan las que piensan que lo único bueno que ese individuo les ha dado en la vida es el hijo que tienen. Desean, pues, tener otro antes de la separación como una forma de compensarse por los trabajos que han padecido hasta ese momento.

Definitivamente en estos razonamientos algo anda fuera de lo que es el sentido común. Un niño va a crecer mucho más estable sicológicamente siendo hijo único que si tiene un hermanito/ta que nació y al poco tiempo su madre se separa de su padre. En su joven mente la llegada de dicho hermanito/ta fue la causa de la separación. Sin entender las razones de su madre lógicamente desarrolla un rechazo inconsciente por su hermanito/ta a quien culpa de la ausencia de su padre. En este escenario la razón de fondo de la madre de tener el bebé se esfuma y se revierte contra ella.

En el segundo argumento, en el que el padre tendrá una mayor obligación económica porque son dos o más hijos, tiene su propia falacia. Es cierto que desde el punto de vista legal hay mayor obligación del padre por los hijos que quedan del matrimonio del cual se separa. Pero esto no quiere decir automáticamente que va a poder cumplir con la obligación financiera cuando de hecho se le han multiplicado los gastos desde que se separó. Adicionalmente, el sospechar que su mujer lo engañó quedando embarazada sin él estar de acuerdo, va a despertar en él un resentimiento tal que hará lo posible para no tener que cumplir con la obligación del sustento del nuevo hijo. En su manera de pensar el raciocinio es algo parecido a "Si tanto quería tener ese hijo, pues que se encargue de su sustento. A mí no me consultó nada porque sabía que estaría en desacuerdo".

El tercer argumento, las que piensan que lo único bueno que ese individuo les ha dado en la vida es el hijo que tienen. Desean pues, tener otro antes de la separación como una forma de compensarse por los trabajos que han padecido hasta ese momento. Este argumento sí que no tiene lógica. Hay un resentimiento con ganas de desquite. El hijo que se desea tener antes de separase se convierte en el medio para castigarlo. Si se separan, no lo va a dejar ver, mucho menos, va a permitirle que lo disfrute. Ese será su castigo y ella es quien se lo está dando. Vaya manera de desquitarse y castigar. Traer a la existencia un ser para castigar al ex compañero es de nuevo uno de los peores castigos que uno de los dos puede infligirle al nuevo ser. No podrá crecer con la protección de un verdadero amor que lo trajo a la existencia. Un bebé se trae a la vida porque se le ama, porque se lo desea, no porque ha de servir como medio de fustigar a la pareja. Traerlo a la existencia con esa finalidad es convertirlo en objeto de venganza, no en el amoroso sujeto del amor compartido.

El suponer sin dialogar

Ocurre con demasiada frecuencia que, cuando la pareja está a punto de tener relaciones, con frecuencia piensan y actúan en contra del sentido común. Aunque saben que dichas relaciones sexuales pueden desembocar en un embarazo no planificado; sin embargo, por una oscura razón sienten pena, vergüenza, falso recato y no abordan el tema de la prevención del embarazo. El racionamiento equivocado es algo parecido al siguiente: "Porque él/ella me ama, por lo tanto se está protegiendo para no quedar embarazada. Esa es su mejor prueba de amor que me tiene, asumiendo la responsabilidad de no quedar embarazada. Por esto no pongo el tema ahora porque va a estropear el momento. Me confío, porque me ama, y por eso creo que se está cuidando".

Mutuamente han renunciado a usar el sentido común. Nadie puede leer el pensamiento del otro por más bien que lo conozca. Tendrá aciertos en pequeñas cosas, pero ciertamente que no debe confiar en este mecanismo para las cosas graves y delicadas de la pareja. Sin decir lo que se piensa, sin dialogar sobre los que suponemos, no se puede presumir que uno sabe lo que el otro está pensando. Es un error garrafal, especialmente en algo tan delicado como lo es un embarazo. Creer que porque me ama, se está cuidando para que no quedar embarazada es tan equivocado como pensar que porque la amo ella debe saber que no me gusta comer pescado si nunca se lo he dicho. Hacer este tipo de suposición es colocarse con seguridad en una pendiente del error.

El amor no se debe jamás confundir con el silencio. Es la peor combinación que se puede hacer. Lo que no se habla, no se discute, o no se expone queda en la nebulosa de lo imaginado, de lo pensado, de lo asumido incorrectamente en la mayoría de las veces. Es por lo tanto, absolutamente necesario que estas cosas se hablen abiertamente, con sinceridad, con honestidad, con ingenuidad. Solo así es posible que la pareja pueda crecer en el mutuo conocimiento de lo que el otro piensa, siente y los motivos por los cuales hace lo que hace, no en lo que cada uno cree que el otro piensa, siente y las razones por las cuales hace lo que hace. Ganamos el premio equivocado cuando somos campeones en suponer y en mal interpretar.

El sentido común falla en estas circunstancias precisamente porque no ha hecho la reflexión correcta; es decir, yo no debo asumir que lo que la otra persona está pensando o las razones por las cuales está haciendo lo que está haciendo son iguales a mis pensamientos o a mis conclusiones de que está actuando así por tal y cual razón, sin haber oído lo que la compañera/ro tiene por decir.

Los celos, el sentido común se vuelve ciego

Los celos son como una enfermedad mortal. Comienza con un pequeño síntoma, se alimenta de detalles, de sospechas, va creciendo imperceptiblemente hasta convertirse en un fuego devorador que consume a quien es celoso.

Los celos nacen de la inseguridad y se nutren en la desconfianza que se tiene del compañero/ra. Se sospecha, sin razón, que la forma de comportarse, la postura fingida del cuerpo en presencia del otro/otra y las respuestas evasivas son la manera de reaccionar a preguntas inocentes. Celar a la mujer se vuelve más importante que confiar en ella. Es muy probable que la desconfianza nazca de la inseguridad personal del celador sin que se de cuenta que es víctima del mismo. El resultado es el mismo. Se desconfía tanto del otro que se lo rechaza y se lo acusa.

Este comportamiento repetido en forma constante termina por exacerbar la paciencia del acusado hasta el momento que encuentra insoportable convivir con la persona celosa y termina pidiendo la separación o el divorcio. En ese momento el celoso piensa que ha sido confirmado en sus sospechas y que tenía la razón por sentirse celoso.

La falacia de ese razonamiento va en contra de lo que el sentido común puede concluir y es que quien mantenga una actitud permanente de celos en contra del compañero/ra termina por cansarlo/la más temprano que tarde forzándo/la a dejarlo/la. Nadie puede aguantar esa presión del celoso porque a medida que transcurre el tiempo más aumentan sus sospechas, más se convence de que él/ella le está siendo infiel y más se empecina en confirmar dichas sospechas. No cejará en su intento hasta que sienta que ya consiguió las pruebas de sus sospechas. Para ese momento probablemente el compañero/ra ya se habrá cansado de tanta presión y lo habrá dejado o está a punto de hacerlo.

El sentido común frente a los celos logra discernir entre lo imaginado y lo real. Si tiene dudas, es capaz de exponerle al compañero/ra qué es lo que está sintiendo y por qué. La madurez del diálogo en la pareja aflorará en este momento en que la sinceridad y la verdad se expresan con plena libertad. Solo así es posible lograr un diálogo constructivo en el cual se puedan disipar las dudas del otro/otra o se pueda en ese momento confesar que en efecto se está teniendo una relación con otra persona que pueda despertar los celos. Por lo menos se han puesto en la mesa de la discusión los hechos reales, no los imaginados, sobre los cuales se puede analizar la relación y tomar una determinación basada en hechos y no en imaginaciones.

La vulgaridad - el hostigamiento verbal

Decir malas palabras, expresarse verbalmente con una cascada permanente de vulgaridades puede que sea motivo de celebración cuando se está reunido con los amigotes de farra, con las amigas de confianza. En esos momentos se confunde la chabacanería con ser el más desinhibido del grupo, el más asertivo con el lenguaje, quizá hasta ser considerado como el más "macho" de todos porque tiene el arrojo de expresarse de esa manera.

Lo cierto es que hay una ley de sentido común que es obvia: quien tiene que recurrir al uso de vulgaridades para decir cualquier pensamiento termina hostigando a los que lo escuchan. Una cosa es decir una palabrota en un momento de ira o de confusión. Otra es el decir palabras soeces como muletillas para construir cualquier frase. No solo dichas palabras terminan denigrando y mancillando la persona a la cual van dirigidas, sino que terminan saturando la resistencia de las personas que lo escuchan hasta que llega un momento cuando no pueden seguir indiferentes al impacto que tienen sobre ellos las vulgaridades repetidas sin cesar.

La relación de pareja se nutre y crece en la fineza del trato mutuo. Dirigirse al otro en forma constante con apelativos vulgares termina por convertirse en un insulto permanente. La situación se empeora cuando dicho uso de palabras soeces no tiene justificativo. En ese momento terminan vilipendiando al compañero/ra a tal punto que se le pierde todo respeto. Cuando la relación de una pareja llega a este punto de irrespeto es muy difícil, prácticamente improbable, que dicha relación se pueda mantener.

El sentido común declara, con mucho énfasis, que el trato verbal vulgar en la pareja termina con la relación de la pareja. La razón es lógica. Nadie quiere ser insultado constantemente. Quien lo hace sencillamente está diciendo pública y abiertamente que el otro/otra no merece respeto, que no vale, y que no tiene una dignidad inherente que demanda respeto en la forma como se la trate. No es de extrañarse que el insultado decida un día que ya es suficiente, que ya ha recibido la cantidad de insultos que puede aguantar y abandona al otro/otra. Cuando la decisión esté tomada y puesta en práctica es irreversible. Esa persona no desea ni está dispuesta a seguir aguantando dicho trato y por lo tanto opta salir de la relación sin mayor remordimiento. El amor ha sido sofocado por la vulgaridad y es muy difícil que se pueda volver a recuperar.

Pedir perdón no basta

Hay un dicho popular que reza así, "Las palabras se las lleva el viento, lo escrito, escrito se queda" (expuesto por Cayo Tito al senado romano) que tiene mucho de verdad cuando se trata de dejar un registro que dure el paso del tiempo. Sin embargo, este dicho habría que modificarlo cuando se trata de palabras que hieren, especialmente aquellas que se le dicen al compañero/ra en medio de un momento de ira, de rencor, de exacerbación de los ánimos. En esos momentos se dicen palabras que se convierten en puñales que penetran en lo más hondo del corazón y de la mente dejando una herida que no se cicatriza, ni con el paso del tiempo. Hay insultos y frases que pasan hasta 20 años y aún siguen presentes como el primer día que se dijeron.

Frente a esas palabras que se quisiera que nunca se hubieran dicho lo que queda es pedir perdón sincero. Esa petición quizá remueva algo o todo el dolor que causaron inicialmente. Pero de ahí a concluir que pedir perdón basta para borrar las palabras es un engaño que va contra el sentido común.

Si recordamos algo que alguien cercano nos dijo que nos hirió profundamente, nos damos cuenta, cómo, a pesar de que ha pasado mucho tiempo, sin embargo, esas palabras siguen ahí presentes con toda su fuerza destructiva como lo fueron el día que las dijeron.

El pedir perdón es esencial para iniciar un proceso de cicatrización con la esperanza de que llegue el día cuando desaparezcan el resentimiento y el dolor que causaron dichas palabras. Mientras ese día llegue, el sentido común sugiere que hay que aceptar que con pedir perdón no se recuperan las palabras que hirieron y dejaron cicatriz o herida abierta. En nuestro comportamiento está hacer todo aquello que mitigue el dolor y las heridas que nuestras palabras infirieron en el compañero/ra. Las acciones de genuino arrepentimiento, no las palabras pidiendo perdón, serán los que puedan suavizar el impacto de nuestras palabras que hirieron profundamente.

El Machismo

La palabra 'machismo' está en boga. Representa muchas realidades y muchos momentos históricos en el que el hombre básicamente dominó a la mujer como si fuera un artículo más de sus propiedades. En esta mentalidad patriarcal se veía a la mujer como un ser inferior al servicio del hombre, con el aval de la religión. Ella no tenía voz ni voto en las decisiones legislativas o en los procesos jurídicos; no tenia derechos de propiedad y muchos menos un rol social dentro de las estructuras de poder. Ella no era sujeto con autonomía para manejar su propio dinero, o sujeto que tenía el mismo derecho de herencia que el varón. A la mujer se le vedaba de recibir educación y su puesto forzado era el de permanecer encerrada en la casa criando hijos, cocinando para el varón, manteniendo la casa limpia, los hijos pequeños bajo control, y responsabilizándose del huerto familiar. Sin duda que era una virtual esclava que encima de todo tenía que someterse, no solo a la voluntad del marido, sino a su arbitrario comportamiento sexual en el que ella tenía que someterse a los caprichos y demandas del varón cuando él quisiera tener relaciones independientemente de si ella estaba dispuesta o no.

Hoy día, en que la mujer ha tomado una posición de demanda de respeto por sus derechos humanos, como mujer, ha expresado enérgicamente que no desea ser tratada de esa manera y ha manifestado de muchas formas que no está dispuesta a seguir sufriendo el tradicional maltrato del hombre. Ese movimiento de resistencia de las mujeres ha sido llamado de muchas maneras: el feminismo, la liberación de la mujer, la reivindicación del sexo femenino, la rebelión de las mujeres, etc. Lo valedero de esta movilización es haber puesto de relieve el nivel de dignidad que debe tener la mujer en el desarrollo de una civilización que avanza, no que retrocede. Esos movimientos han destapado la estructura de opresión a la que ha sido injustamente sometida la mujer por demasiados años, por demasiados hombres.

En la auto imagen distorsionada de este machismo se esconde una nefasta creencia por parte del hombre y es la de estar convencido de que 'ser macho y hombre' es pegarle a la mujer, dominarla físicamente, mantenerla asustada y pretender que ella lo va a querer, o que va a ser amable y cariñosa con él. Esta necesidad de dominio obviamente va contra toda lógica de sentido común. La mujer es esencialmente compañera del hombre, igual en derechos y deberes que el hombre pero desde su perspectiva femenina. Ser compañera no quiere decir ser sirvienta, ni estar bajo el capricho y dominio del hombre. Por el contrario, ser compañera significa compartir, dialogar y decidir de mutuo acuerdo qué es lo más les conviene para su crecimiento individual y como pareja. Este diálogo no se puede hacer de dominador a dominado y pretender que puede contribuir al crecimiento interior de los dos. Lo máximo que puede obtener es aumentar el dominio del hombre sobre la mujer.

De esta posición fundamental de dominio, se entiende con facilidad por qué el machismo mental del hombre llega a la absurda creencia, que va contra el sentido común, de que se va a hacer más hombre porque se tienen hijos naturales con una o varias otras mujeres. La masculinidad en esta concepción se mide por el poder procreador biológico que tiene el hombre, no por el nivel de responsabilidad por los hijos que engendra, pues en la mayoría de los casos, tan pronto descubre que la mujer está embarazada, hace el acto mágico de desaparición para no volver a presentarse y responder por la criatura que forzó a que viniera a la existencia. Lo más triste es ser testigo de una reunión de machistas en donde esto se celebra como triunfo de género. El que pueda alardear frente a los 'amigos' de su 'proeza sexual' de haber dejado otra mujer embarazada, en ese momento cree que demuestra su capacidad para seducir a la mujer a la relación sexual; en verdad, lo que pone de manifiesto es apenas su potencial sexual porque ha podido embarazar a otra mujer. Su vanagloria de poder procrear no considera para nada la miseria que le ha creado a ese hijo que nunca tendrá padre.

El machismo logra la cumbre de su imposición cuando el hombre, por irreflexión y negación del sentido común, llega a autoconvencerse que esos hijos son responsabilidad única de ella porque no se 'cuidó' para no quedar embarazada. En esa engañosa manera de reflexionar no cabe admitir su papel de virtual violador pues se impone sexualmente sobre la mujer, aunque sea su compañera, sea por la fuerza física o la presión sicológica. En cualquiera de los casos el machismo expresado de esta forma muestra el rostro oculto de su verdadera maldad.

El corolario de esta forma de pensar es concluir que él no tiene ninguna responsabilidad en esas concepciones pues simplemente está ejerciendo el derecho masculino que supone que la mujer debe responderle sexualmente cuando él manifieste ese deseo. La responsabilidad de ella es, además, la de cuidarse para no quedar embarazada. De ocurrir esto, es también su responsabilidad de lidiar con el embarazo y con la crianza del bebé cuando nazca. Cómoda posición en la que el machista se desliga completamente de los hechos que él ha creado porque no quiere asumir su papel de hombre responsable, que sería lo que la lógica del sentido común concluye si la pusiera en práctica.

Los Hijos

Los hijos no son solución

En el instante en el que los hijos entran en la ecuación de la relación de la pareja, el sentido común sufre varios embates cuando los hijos son vistos, son tratados y son utilizados equivocadamente. Veamos varios ejemplos de cómo ocurre esto.

Uno de esos momentos claves es la forma y manera como se considera la llegada de un embarazo. En la mayoría de los casos este 'aparece'; no se planifica para evitarlo, ni se usan los medios necesarios para que no ocurra. Se renuncia al proceso de participación consciente para colocarlo en 'manos de Dios' como si nosotros no tuviéramos nada que ver en el proceso.

Este gran primer error se da porque no se ejercita el sentido común que permite reflexionar y darse cuenta que cada uno de nosotros es responsable del embarazo y del bebé que ha de nacer. No caer en cuenta a fondo, no reflexionar en el papel que desempeñamos en ese milagro de la Vida es definitivamente desligarnos de la responsabilidad que conlleva el traer un niño a la Vida. Al no tomar consciencia de que somos nosotros los intermediarios inmediatos en la concepción de un nuevo ser dejamos que esto ocurra 'naturalmente', que sea la naturaleza la que se encargue de decidir que se dé o no un embarazo porque seguimos pensando, sin usar el sentido común, que eso es un proceso natural en el que nosotros no debemos intervenir para modificarlo.

Grave perspectiva. Nosotros somos sin duda la expresión más acabada del proceso de la evolución consciente. Nuestra mente, desde su primer momento de aparición en la Tierra, no ha dejado un instante de producir la evolución inteligente de la cual somos producto. El ingenio, la imaginación y la inteligencia del hombre son las que han modificado profundamente la historia de nuestra especie. Con cada invento tecnológico de envergadura y de consumo masivo, alteramos la forma de pensar, la forma de interactuar con los demás, la forma de manejar nuestro planeta. Lo envenenamos con los desechos que producimos consciente e inconscientemente o lo conservamos en equilibrio con los esfuerzos e intervenciones ecológicas. Nada de lo que le ocurre al hombre como especie es el producto del azar. Son la consecuencia lógica de sus intervenciones masivas y las pequeñas las que definen y dirigen el progreso y el desarrollo de nuestra especie. Nosotros, individual y colectivamente, somos responsables de cómo y hacia dónde evolucionamos como seres humanos. Es nuestra grandeza a la vez que es nuestra mayor debilidad porque, al no tener claro el horizonte de equilibrio al cual nos debemos dirigir en ese momento, orientamos nuestra evolución por los caminos equivocados.

Esta responsabilidad de dirigir nuestra propia evolución es sin duda, nuestro mayor privilegio, pero, a la vez, abarca una de las actividades más delicadas y más importantes de nuestra existencia, la de dar vida a otro ser. Esta delicadísima potencialidad no puede dejarse al azar. Debemos asumirla con la misma entereza y pasión con la que asumimos la producción de un automóvil, de un avión supersónico, de un cohete espacial, de un puente que une bahías y países; de una fábrica que produce pantalones resistentes para obreros de la construcción, las creación de maquinas para extraer los minerales de las minas, los diseños de edificios que parecen tocar las nubes. Estamos participando en la más delicada de todas nuestras creaciones, la de procrear un nuevo ser que ha de desarrollarse y convertirse un día en alguien clave para el desarrollo de la humanidad, o alguien que simplemente ayude a sostener la evolución de la humanidad como un ente productivo.

No considerar la responsabilidad que conlleva un embarazo es perder de vista lo que la Vida nos exige con mayor demanda: la de ser plenamente conscientes de nuestro papel en la creación de una nueva vida. Se nos ha dado la potencialidad de creación, pero igualmente se nos ha dado la responsabilidad de criar esa criatura para que ella, a su vez, se desarrolle plenamente y logre llenar el propósito de su Existencia.

Los hijos, en esta lógica, no son producto del azar, ni de la naturaleza; son el producto de nuestra intervención cuando ejercitamos la procreación de un nuevo ser al tener relaciones sexuales. Si estas se tienen en forma inconsciente, sin planificar el posible embarazo, sin dialogar con la pareja cuándo desearían llevar a cabo la más noble de las tareas que cualquier ser humano puede hacer, la der ser padres, es cuando dichas relaciones sexuales pasan de haber sido un momento de goce físico para convertirse en una pesadilla de una responsabilidad no deseada.

El sentido común, pues, invita a la reflexión madura en la pareja para evitar la llegada de un bebé no-esperado, no-deseado. No tener este diálogo a tiempo desemboca en un justificar la irresponsabilidad de los dos achacándole a Dios la autoría de un proceso natural en el cual cada uno es un actor indispensable y responsable. No se le culpe a Dios y a la naturaleza de algo que está en nuestras manos controlar, especialmente porque somos los actores responsables de dicho proceso.

Cuán común es que una vez que el bebé nace, mágicamente padre y madre se desvanecen de la escena y la abuela u otro pariente cercano terminan criando a la criatura. ¿Dónde quedó la lógica del sentido común que dice que quienes fueron los actores de dicho embarazo son los responsables de la crianza de dicho bebé? La abuela u otro pariente no tienen la obligación de subsanar la irresponsabilidad de los progenitores de esa criatura. Ella ya pasó por la etapa de crianza e invirtió muchos años de su vida para que sus hijos sobrevivieran y lograran salir adelante. Ella no merece que se la obligue a repetir ese esfuerzo cuando no son sus hijos.

Lo que no tiene sentido es que la carga se la den a la abuela o pariente cercano sin preguntar si está dispuesta a hacerlo, sin averiguar si tiene las fuerzas, el dinero, o el tiempo para hacerlo. Sencillamente le endosan el bebé justificando esa acción con mil y una excusas que nada tienen que ver con la irresponsabilidad con que proceden.

Una vez más, el sentido común concluye que si se tienen hijos es para criarlos uno mismo, no para que un pariente cercano o lejano se encargue de hacerlo. La gran responsabilidad nace de que somos los autores de nuestra propia evolución y esta incluye la crianza de los hijos que se han tenido, independientemente de si se planificaron o no. Es una cuestión de responsabilidad esencial a nuestra manera de ser conscientes de lo que hacemos o dejamos de hacer.

Hay culturas que han desarrollado a lo largo de muchos años la creencia y practica de que los hijos se tienen para que sean el sostén de sus padres en la vejez. Los hijos en esta perspectiva se consideran propiedad de los padres para disponer de su futuro en su favor. Los hijos no se tienen como fruto del amor de la pareja, sino como conveniencia para los padres cuando sean mayores. Los hijos se convierten así, en una inversión rentable a largo plazo. Estos, a su vez, se crían bajo esta perspectiva y aceptan sumisamente que este no es solo su destino, sino su obligación.

En nuestras sociedades occidentales no hay nada más lejano de la verdad que esta forma de pensar sobre los hijos. Somos más conscientes que cada uno de esos hijos los hemos tenido para que ellos descubran cuál es su potencial y que lo desarrollen al máximo. Nuestra misión, en este sentido, es darle al mundo, a la existencia y a la evolución de la especie nuevos miembros para que nos substituyan, a su debido tiempo, en llevar hacia adelante el rol que la existencia nos ha dado de ser responsables de nuestra evolución tanto individual como colectiva.

Bajo esa perspectiva, el sentido común nos indica que debemos considerar a los hijos no como sujetos responsables de nuestra vejez, sino como sujetos independientes que un día, cuando lleguemos a nuestra vejez, nos quieran tanto que harán lo que esté a su alcance, para que dicha vejez se lleve con dignidad. La perspectiva es totalmente diferente. Los hijos no se tienen para que se encarguen obligadamente de nuestra vejez; se tienen para que crezcan en la medida de sus potencialidades. Que en ese proceso se den cuenta del rol que como padres responsables hemos llevado a cabo con ellos sea suficiente motivo para que quieran darnos una mano de agradecimiento cuidando de nosotros es una recompensa, no una indeseada obligación. Visto en esta perspectiva, la respuesta que los hijos dan a sus padres cuidando de ellos en su vejez estará basada en otros principios, en otra tradición, en otra forma de desarrollar el sentido común.

Bajo esta reflexión se cae en otra falla de uso del sentido común, y es la de no comenzar un ahorro de retiro porque se está convencido de que los hijos se van a encargar de uno en la vejez. Nada más ilusorio. Nadie nos puede asegurar que nuestros hijos van a triunfar en la vida y van a tener un nivel económico suficientemente amplio como para encargarse de nuestra vejez; por más que les demos la mejor educación posible.

El manejo de nuestra vejez y del retiro es responsabilidad de cada uno, de la pareja, no de los hijos. Seguir pensando que los hemos traído a la existencia para que nos cuiden en la vejez es seguir pensando como lo hacían nuestros tatarabuelos. Esa época y obligación pasaron a la historia. Si de algo somos conscientes es que la responsabilidad de cómo se ha de vivir el presente y el futuro es individual y de la pareja. No es la tarea de los hijos que tienen su propio presente y futuro por crear. Pretender que vamos a exigirles a nuestros hijos esta responsabilidad es estar viviendo el presente con un pasado que se superó. El comenzar a tiempo un ahorro que sirva para sostenernos en la vejez es una obligación de todo padre responsable; es la lógica de un sentido común que admite que los hijos se traen a la vida no como propiedad de los padres sino para que se conviertan en sujetos de su propio destino.

Los hijos imitan lo que ven

Es gracioso oír a padres que se quejan de que sus hijos no se comportan como ellos les dicen que deben hacerlo. Sin una reflexión de sentido común, esto suena a la queja de cualquier padre en cualquier parte del mundo. La reflexión que debemos hacer es, ¿cuántos de los comportamientos que les exigimos a nuestros hijos los llevamos a cabo nosotros?

Nada es más cierto que los hijos imitan y terminan asimilando los comportamientos que ven en sus padres, pues estos se interpretan como válidos y aceptables. Entonces exigir al hijo o hija que no beba alcohol porque es malo para su salud física como mental mientras que cada fin de semana los padres beben socialmente con sus amigos en casa o en las de los otros y los hijos los ven actuando de esta manera, no es de extrañarse que los imiten y terminen llevando a cabo el mismo comportamiento. No ven la lógica de por qué no deberían beber con sus amigos cuando este es el comportamiento que llevan a cabo sus padres con sus amigos. Eso es lo normal según sus padres; sería lo normal según los hijos.

La reacción de los hijos a este comportamiento específico es válida para cualquier otro que se quiera inculcar en los hijos cuando lo que se hace contradice lo que se les dice que deben hacer. El ejemplo es el mejor de los profesores y el sentido común nos permite entender que si queremos que nuestros hijos no tengan tal o cual comportamiento porque no les conviene, los hijos tienen que ver que los padres no fuman, no gastan la plata en cosas innecesarias o totalmente superfluas, no despedazan a otros con una crítica virulenta en privado, no hacen bromas de género, no responden irasciblemente por cualquier comportamiento de los niños que los moleste. La lógica del sentido común es que si queremos hijos ejemplares ellos tienen que ver dicho ejemplo en el comportamiento de sus padres.

La disciplina no es necesaria

El modernismo proclama fuertemente que no hay que traumatizar a los hijos con castigos corporales, con castigos sicológicos, con vivencias emocionales negativas. Todos estos tienden a desarrollar, en la tierna sicología infantil, un miedo innecesario de la autoridad de los padres, un temor a que los asusten; a crecer con imágenes negativas que les impiden el desarrollo de sus potencialidades porque han sido golpeados sicológicamente a tal punto que quedan paralizados en su crecimiento.

Todas estas reflexiones tienen sentido y mucho de verdad. Pero de ahí a extrapolarlas para no ejercer sobre los hijos una justa y equilibrada disciplina es un error que el sentido común lo detecta enseguida. Un muchacho o muchacha que crece sin ninguna disciplina y autodominio termina siendo un anárquico disfuncional para sí mismo y para la sociedad.

La justa disciplina templa el carácter, desarrolla el autodominio, y fortalece la voluntad para seguir trabajando por los objetivos y metas que se ha propuesto aun cuando las adversidades se acumulen y amenacen con desanimar al más fuerte. La disciplina templa el carácter, alimenta el esfuerzo y consigue el triunfo.

Aplicarla en forma equilibrada y con la continuidad necesaria para que tenga el efecto positivo deseado es el reto permanente que tienen los padres, pues no hay fórmulas mágicas para su aplicación pues hay que adaptarla al carácter y la sicología de cada hijo o hija.

Lo que si queda claro es que sin disciplina no hay desarrollo equilibrado, no hay metas alcanzables, no hay crecimiento de la personalidad para llegar a ser un líder con éxito, un empresario estimado por sus clientes y empleados, un exitoso catedrático, un excelente ingeniero, un destacado literato, un ingeniero triunfante.

La disciplina bien entendida y bien aplicada es como la poda que se la hace a los arbustos para que vayan adquiriendo la forma que les queremos dar. Cada poda puede ser algo dolorosa, pero el resultado final es una frondosa y majestuosa presencia. El sentido común, pues, estimula a que manejemos la disciplina con los hijos como delicados podadores de una personalidad que ha de florecer con la ayuda de nuestros recortes hechos a tiempo y con el arte necesario.

El factor económico en la relación de pareja

La Economía Familiar –pilar fundamental

Cuando de plata se trata, la relación de la pareja entra muchas veces en franca tensión. El sentido común dice que la forma más sensata de manejar una economía familiar es hacer cuentas de cuánto se gana y cuánto cuestan los gastos fijos del mes. Una vez que se tiene esto claro, se separa, de lo ganado, lo que se requiere para cubrir los gastos fijos. Lo que sobre es para cubrir los otros gastos, los esenciales y los menos esenciales. Si llega a quedar algo, se debe depositar como ahorro. La vida enseña que las emergencias o los gastos no previstos nunca faltan. Una vez que aparecen es absolutamente necesario enfrentarlos en forma inmediata.

La tensión se da cuando uno de los dos, o la pareja gasta lo que entra sin ninguna planificación, sin ningún inventario de lo que se necesita, sin ningún control. El sentido común claramente dice que esa forma de gastar arruina la economía familiar en un santiamén.

Por lo tanto es esencial que los dos se sienten y tengan un franco diálogo de cómo se ha de gastar lo que entra de acuerdo a los compromisos fijos que se tengan. Es muy probable que uno de los dos tenga mayor facilidad para manejar la contabilidad familiar, mayor facilidad para distribuir los ingresos, mayor control para no gastar en lo innecesario, mejor criterio para no comprar compulsivamente cuando se va al supermercado. Cuando se decida quién va a administrar las entradas lo más importante es que le guste llevar a cabo dicha contabilidad, ir al banco, mantener los balances al día; en fin, velar responsablemente para que la economía familiar se mantenga sana y vigorosa.

Sin este franco diálogo para determinar cuál de los dos se va a encargar de la administración financiera de la familia, o si los dos quieren participar, definir quién se encarga de qué parte del proceso, es casi garantizado que dicha pareja no va a progresar en sus finanzas. Por el contrario, va a encontrar que el dinero que entra no alcanza para cubrir todos los gastos fijos, mucho menos alcanza para los gastos extras como una enfermedad, un vestido nuevo necesario, una reparación del carro imprevista, un accidente tonto que exige atención medica.

La pobreza muchas veces no radica en la falta del dinero, sino en la mala o pésima administración del dinero que entra. La mujer ociosa, el marido irresponsable que bebe, fuma, o gasta en lo que no debe son los responsables de que la plata que entra no alcance. Ellos mismos son los que producen su propia pobreza, de la cual no han de salir al menos que pongan remedio al problema en la fuente, en la organización de quién y cómo se han de gastar los ingresos.

La exposición tan clara de este incongruente comportamiento permite fácilmente entender la lógica que el sentido común pone de manifiesto. Sin embargo, cuántas veces lo contrario es la norma para miles de parejas que caen repetidamente en el mismo comportamiento desorganizado de gastar el sueldo tan pronto lo reciben en lo primero que se les ocurre sin sentarse a hacer cuentas con papel y lápiz para definir los gastos fijos, y la distribución racional de lo que entra para que alcance a cubrir lo más importante y esencial. Esta sería la forma racional, la de sentido común, de cómo llevar a cabo la distribución de los ingresos familiares.

Los gastos engañosos

Comprar una casa es el sueño de toda pareja que desea estabilidad a largo plazo. Un techo propio sobre la cabeza ofrece una seguridad que no la produce ninguna otra cosa que pueda comprar. Es una meta válida a la cual toda pareja quiere aspirar, especialmente cuando hay niños de por medio que necesitan criarse en los marcos de una seguridad económica estable.

Tener esta legítima aspiración y comprometerse a pagar una hipoteca que consume prácticamente el salario y el presupuesto de comida, gastos fijos, ropa y recreación es un sin sentido que va contra todo sentido común. Tener una casa, si. Pero tener una casa enorme, lujosa que sea tan costosa que se consume el ingreso esencial del bienestar de la familia para solo aparentar que se tiene ese tipo de vivienda, es una falacia en la que caen muchas parejas. No caen en cuenta de que el precio que pagan por esa apariencia es tan grande que terminan en la ruina cuando tienen que entregar la casa al banco o la entidad financiera porque no se pudieron hacer los pagos correspondientes de la hipoteca.

¿De qué le sirve a una pareja tener una casa enorme, lujosa, vistosa y de mucha presencia que puede causar envidia entre los conocidos si es al costo de no poder cubrir los gastos más esenciales como comida, servicios, vestido, estudio y aun una sana y mínima recreación? Eso no tiene pies ni cabeza. Nadie se sostiene del qué dirán los demás, ni de las opiniones de lo bella que es la casa; nadie vive de solo aire, sin comida, sin vestido. Sacrificar estas necesidades básicas para presentar una fachada artificial de abundancia y riqueza es no usar el sentido común que fácilmente indica que lo esencial es lo más importante, no la apariencia de lo que no se puede pagar.

El mecanismo del engaño

Entre los gastos engañosos, los que se hacen usando una tarjeta de crédito son quizá los más demoledores. La mayoría de la gente no tiene claridad de cómo funciona realmente la tarjeta de crédito y de cómo está diseñada para atrapar a su usuario bajo el espejismo de que tiene a la mano una medio excelente para comprar lo que se le antoje en el momento en que sienta el deseo y la aspiración de conseguirlo.

El mecanismo de enganche, que se convierte muy pronto en una prisión de larga duración, es lo que la mayoría no logra entender antes de embarcarse en la obtención de una tarjeta de crédito. ¿En qué consiste? En que le ofrecen al cliente potencial la imagen y la idea de que con la tarjeta tiene a su disposición la plata que no tiene en el banco pero que con dicha tarjeta puede satisfacer su deseo de obtener cualquier cosa que se le antoje. Con esta fabulosa facilidad de pagar, sin tener la plata en ese momento, el cliente siente una profunda sensación de libertad y de poder que no podía tener con el mero sueldo mensual.

Lo que no le explican a los incautos es que la disponibilidad de la plata que la tarjeta ofrece tiene un costo muy alto. Veamos cómo y por qué. La tarjeta de crédito es precisamente lo que su nombre significa. Es un crédito, o sea, que es un préstamo que la compañía le hace al cliente, bajo estrictas reglas de pago. El préstamo que le dan al cliente lo cobran al finalizar el mes cuando le envían la cuenta de todo lo que ha pagado con dicha tarjeta. Sobre dicha cantidad le suman el porcentaje de interés que le están cobrando por el uso de ese dinero. Porcentaje que el cliente se compromete a pagar cuando firma el contrato y le entregan la tarjeta. La mayoría de las veces el nuevo cliente no sabe con seguridad cuánto representa ese porcentaje, pues está más interesado en adquirir la tarjeta que en saber ese importante dato. Cuando la compañía le envía la cuenta al final del mes también le presenta al cliente alternativas de pago. La primera es la cancelación total de los gastos incurridos durante el mes más el pago del interés por haber recibido ese servicio. Este interés está especificado cuando se hizo la solicitud de la tarjeta y por lo general oscila entre el 12-20% sobre lo gastado, dependiendo del prestigio de la tarjeta. El pago de toda esta cuenta mensual se puede hacer en un solo desembolso o en una cantidad mínima y el resto en varios pagos subsiguientes.

En este mecanismo se da la cárcel financiera que mencionamos arriba. ¿Cómo entender dicha cárcel? Vamos a desglosar lo que ellos realmente buscan cuando ofrecen al cliente pagos diferidos de lo que debe. Supongamos que la cuenta al final del mes es de $800 dólares (o el equivalente en la moneda local). Sobre este monto de $800 hay que añadirle el interés aceptado cuando se recibió la tarjeta - digamos el mínimo, o sea el 12%. Este representa $96 de interés que hay que sumar a los $800 o sea que en ese mes se le debe a la compañía, en principio, un total de $896, que, o se paga en una sola cuota o se acepta usar el sistema diferido de pago que normalmente consiste en un primer pago de una cantidad mínima, digamos $200 y el resto, $600, en tres cuotas adicionales de $200 pagaderas cada diez días.

Esta oferta suena estupenda pues no se tiene que pagar toda la deuda al mismo tiempo sino que se puede hacer cómodamente en cuatro pagos. De aceptarlo, la tentación estuvo puesta y caíste en ella como ellos quieren, pues el próximo pago no es de $224 como el primero sino de $228 porque hay un pequeño aumento del interés al 14% por el beneficio de hacer los pagos diferidos. Digamos que pagas las tres cuotas pendientes cada una a los 10 días después del pago anterior, o sea $228 por 3 = $684, que, sumados a los $224 que pagaste de la primera cuota el total que pagas sobre los $800 que gastaste en el mes es de $908. La diferencia es de $108 adicionales al gasto original de $800. ¿Ves ahora por qué no es buena inversión el tener una tarjeta de crédito que te desangra en cada pago? Imagínate lo que terminas pagando al final del año si aceptas repetir este mecanismo de pago diferido cada mes.

Si por mala suerte no puedes pagar las tres cuotas a tiempo, entonces la compañía transfiere lo que te falta por pagar al mes siguiente que queda sumado a lo que alegremente gastes ese mes con la tarjeta. El pago en el próximo mes de lo que debes tendrá el acumulado del mes anterior al nuevo interés del 14% en lo que debes más el interés de los nuevos gastos. Como lo más probable es que no tengas cómo pagar todas las cuentas del próximo mes, quedas atrapado en un círculo irrompible en el que estarás en deuda con esa compañía de tarjeta de crédito por los próximo 5-10 años hasta que termines de pagar todo a un costo muy por encima de lo que gastaste originalmente.

El sentido común permite reflexionar que no se debe, en ningún momento, creer que comprar a crédito es mejor sistema económico que ahorrar y solo gastar lo que se pueda pagar al contado para no vivir endeudado permanentemente.

El costo de la comida fuera de casa

Otro gasto muy engañoso es el que se hace comiendo fuera de casa, en un restaurante o en un establecimiento de comida rápida. La trampa de este pensamiento radica en las justificaciones que se dan para comer fuera de casa: la distancia entre el trabajo y la casa es demasiada para ir a almorzar a casa, no dan suficiente tiempo en el trabajo para ir almorzar a la casa, es imposible ir almorzar a la casa cuando los dos trabajamos y no hay comida preparada.

Un verdadero dilema logístico. Las razones, muchas de ellas válidas, sobran y uno termina yendo al restaurante. Es más cerca que la casa, es más cómodo el ordenar que tener que cocinar, el servicio es ofrecido en el tiempo que me dan para almorzar. En corto, el estilo de vida que llevo no me permite comer en casa todas las comidas. Tengo, por lo tanto, que acomodarme al tiempo que la empresa ofrece, y la comodidad de la cercanía de los sitios donde se puede comer. Otra razón de menor peso es que hay que mantener una vida social activa y el único momento disponible es después del trabajo y el sitio más fácil para todos es el restaurante cercano para ir a cenar allí.

Aceptando que esta es una realidad ineludible, vamos a aplicarle el sentido común al dilema. Lo primero que hay que hacer es aceptar que comer en casa es siempre más barato que comer fuera, aun en establecimientos de comida rápida (que es menos nutritiva, muchas veces nefasta para la salud). Esto es por simple matemática que tomando el dinero que se gasta en una semana comiendo fuera y se utiliza en un supermercado, es posible aumentar o doblar el número de comidas que se pueden tener en casa con esa misma cantidad de dinero.

Por lo tanto, el sentido común lo que pone a prueba es nuestra capacidad de aplicar alguna medida de equilibrio ante esta realidad. Aceptando que el almuerzo es imposible en casa, debo considerar cuántas veces puedo llevar mi sándwich preparado en casa a un costo mucho menor que la hamburguesa de la esquina. También puedo llevar algo que preparé la noche anterior y que al día siguiente solo requiera calentarlo. La mayoría de las oficinas ofrecen esta posibilidad de poder calentar lo que se lleva preparado. Otras consideraciones que puedo hacer son: ¿Cuántas veces mi presupuesto real me permite gastar en comidas con los amigos? ¿Me estoy dando ese lujo al precio de usar la tarjeta de crédito para endeudarme como lo hemos visto?

El ahorro familiar comienza en la cocina. Preparar el mayor número posible de comidas en casa es ahorrar sistemáticamente todo lo que se gasta fuera en restaurantes. Si tienes el dinero para hacer ese gasto, hasta puedes hacerlo (claro, que es siempre al precio adicional de la calidad de la comida en cuanto a valor nutritivo), pero no porque puedas hacerlo debes hacerlo.

El manejo del dinero personal

El mundo moderno es un templo para los artículos de marca. La marca es la que define la percepción de calidad. La marca es la que le brinda a los artículos su ranking en la tabla de consumo y entre más prestigiosa sea la marca mayor la valoración del artículo. Entre más conocida sea la marca mayores las posibilidades de que el artículo sea comprado. El usar un artículo de marca se convierte en sinónimo de estatus social, de prestigio, de afirmación que se tiene el suficiente dinero para poder comprarlo. De esta manera vivimos en el mundo sonoro de Sony, en la magia de la música comprimida en un IPod, en la velocidad de unos tenis Nike, en el lujo de un carro Mercedes, en el diseño vistoso de una camisa Gap o de Tommy Hillfiger; en la elegancia de un vestido de Oscar de la Renta o de Perris Ellis; en la luminosidad de una pantalla plana Sony super grande y de alta definición; en la durabilidad de unos blue jeans Wrangler o Levis; en la confianza que brindan las últimas herramientas de calidad de Black and Decker; en la finura de sabor de un Whisky cinta negra; o en el prestigio que brinda el ser llevado con chofer en un carro Bentley. Todos estos artículos caros con un nombre prestigioso representan calidad (aunque no la tengan) frente a sus competidores y a sus consumidores.

Por su parte, el consumidor que quiere hacer una afirmación de poder adquisitivo se compra un artículo de marca y se asegura que los amigos, conocidos y desconocidos se den cuenta de que lo está usando para conseguir el reconocimiento social de poder adquisitivo que los demás no tienen.

Una reflexión de sentido común muy pronto descubre la falacia de este enamoramiento con los artículos de marca. Un ojo atento se da cuenta de que existe en el mercado un objeto parecido, de las mismas características y probablemente de la misma calidad, que cuesta la mitad porque no tiene una marca de renombre. Esta, gracias al aparato publicitario (muy caro), hace de la marca el sello de venta que permite ponerle un precio elevado.

La otra falacia es creer que el comprar un artículo de marca lo va a hacer más popular y aceptado por los demás que el obtener el mismo tipo de artículo sin la marca creada por la publicidad. Puede que el artículo de marca lo haga más notorio entre conocidos y desconocidos. Pero no siempre es un reconocimiento de popularidad, sino muchas veces es un reconocimiento de envidia y de rencor porque está exhibiendo precisamente lo que el otro no se puede comprar, y mucho menos alardear de poseerlo. La envidia social se apodera de los supuestos admiradores que secretamente se tornan en encarnizados críticos de cómo y de qué manera utiliza lo comprado. En ese momento la tan buscada aceptación de los demás queda transformada en franca hostilidad solapada que no dudará un instante en opacar el supuesto reconocimiento social con mordaces e hirientes críticas.

Otro de los más eficaces mecanismos que el mercadeo ha desarrollado es el de ofrecerle al público consumidor una avalancha de imágenes del último modelo de cualquier artículo. Este es presentado bajo el espejismo de que ese nuevo modelo es el que todos deben tener pues supera al modelo anterior en varios grados 'de mejoramiento'. Lo más probable es que las mejoras apenas son de diseño externo, de la parafernalia superficial que hace a cada artículo único en su clase, cuando no es más que el modelo anterior básico con algunas leves modificaciones superficiales.

Sin embargo, el consumidor adicto siente la profunda necesidad de obtener el último modelo de cualquier artículo con el que esté ligado, sea este un computador, un vehículo, un vestido, un equipo de sonido o equipo visual. Dicho consumidor no puede tener paz interior hasta que consigue el último modelo, probablemente para escasamente usarlo, una vez que lo tiene en su poder.

La reflexión del sentido común puede discernir si es necesario tener ese último modelo o si se puede seguir usando el anterior porque básicamente tiene las mismas especificaciones y sigue haciendo las mismas operaciones, como suele ser entre un modelo anterior de computador y el nuevo que ha salido al mercado. El sentido común permite reflexionar y concluir que no es necesario gastar una cantidad extraordinaria de plata en conseguir el último modelo de cualquier artículo porque se necesita utilizar ese dinero en algo más productivo, más urgente, menos lujoso pero de igual eficacia.

La Moda – la metamorfosis inmediata de ropa buena en vieja y descartable

La misma reflexión se puede hacer con respecto a la ropa y la moda. Lo que sabemos con claridad es que los diseñan ropa de moda tienen que crear estilos diferentes permanentemente. Ellos son los que se encargan de ensanchar, adelgazar o acortar las piernas de los pantalones, los que destiñen o hacen huecos y rasgaduras a los blue jeans y después, con la apropiada propaganda, convencen a las muchachas para que compren blue jeans descoloridos y destrozados a un precio mayor que el de un blue jean nuevo sin huecos y con su color original.

La moda, si quiere prevalecer como el último grito del momento, tiene que estar en cambio permanente. Esa es la razón de su existencia, la efímera temporalidad de una temporada. Tan pronto esta pasa, se necesita tener listo el próximo modelo que se ha de convertir entonces en el 'último grito' de la moda. En ese momento la maquinaria publicitaria entra en acción e impone la nueva creación a todos los que viven pendientes de la moda y sus innovaciones, quienes salen hipnotizados a comprar el nuevo modelo, porque para ellos el estar 'a la moda' es su valor supremo.

La verdad de esta realidad es que la moda pasa tan rápido que a veces no se tiene el tiempo suficiente para usar ese último grito de la moda cuando súbitamente esta prenda, que estaba en la vanguardia y era lo más moderno, pasa a ser un vestido 'anticuado'.

Quien vive prisionero de este espejismo de la moda no se da cuenta de la ingente cantidad de dinero que gasta continuamente en prendas que no vuelven a tener vigencia o que se vuelven tan obsoletas con respecto al nuevo modelo, que le da pena o vergüenza ponérselas. La solución a este impasse es archivar, regalar, o botar la prenda que ha pasado de moda para reemplazarla por la prenda de actualidad. De la misma manera que se deshace de la prenda de esa misma manera bota la plata, sin usar el sentido común que le puede permitir ver la irrelevancia de la moda y la prisión que crea en los adoradores de la misma.

Hay otra clase de persona con respecto a la ropa, 'él acumulador'. Estos individuos tienen un temor escondido: piensan que, si no poseen muchas prendas se van a quedar 'sin que ponerse'. Pueden llegar a tener suficiente ropa acumulada para cambiarse todos los días con un traje diferente durante un mes, inclusive dos meses. Estas personas han perdido el uso del sentido común pues han olvidado que lo más probable es que buena parte de esa ropa acumulada pase de moda o se apolille antes de usarla. Cuando la descubren en ese estado no tienen más alternativa que deshacerse de la misma, aún sin estrenar, porque está apolillada, con manchas o con huecos visibles.

La Amistad

Escollos en la Amistad

La amistad suele consolidarse y formarse cuando se pertenece a un grupo social de cualquier índole. Entre los participantes pronto se desarrolla un acuerdo tácito de lo que se debe opinar, hacer, y creer para pertenecer al círculo, para ser aceptado por el grupo. A esto se le llama 'presión de grupo', que puede llegar a ser una verdadera prisión dentro de la cual no se puede desarrollar la personalidad sino en la forma dictaminada por el grupo. De esta forma se desarrollan las férreas reglas de obediencia de las pandillas cuyas normas llegan al fanatismo y a la falta total de sentido común como era la regla de admisión impuesta por los Maras centroamericanos. Quienquiera que deseara formar parte de dicho grupo tenía que demostrar su disponibilidad para obedecer sin chistar las órdenes dadas. La regla inusitada era la de la iniciación. Para ser aceptado el candidato tenía que matar a una persona inocente que le era señalada en el momento de la prueba, normalmente escogían a un desprevenido transeúnte de cualquiera de las calles de la ciudad. El aspirante tenía que ejecutar la víctima sin conocerla, sin tener nada contra ella, sin chistar, sin dudar, sin expresar ninguna emoción, mucho menos un argumento para no hacerlo.

Cuando la presión de grupo es así de fuerte, no es de extrañarse, pues, que para ser aceptado por el grupo al cual se desea intensamente pertenecer se le exija tomar alcohol, o ingerir una droga a manera de rito de iniciación. Quienes tienen una débil personalidad, quienes no tienen definido su criterio sobre lo que no les conviene hacer, aceptan obedientemente estas reglas impuestas por los miembros del grupo, por más descabelladas que sean. Se las lleva a cabo porque el sentido común ha dejado de funcionar y no pueden visualizar los impactos negativos que tendrán los comportamientos que les exigen. Una vez iniciados en el consumo de la droga, en la habitual ingesta del alcohol, el individuo de débil personalidad es atrapado por la fuerza de la adicción y se convierte en victima de ella a tal punto que es incapaz de dejarla. Así tenemos hoy día una juventud que se pierde porque no tuvo el valor de decir 'No' a una absurda exigencia del grupo.

La lógica de esta presión se hace visible una vez más cuando la dinámica del grupo en el cual se cree encontrar a los amigos que tanto desea, continuamente expresa una crítica negativa y destructiva de todos los demás que no pertenecen al grupo. Se burlan de ellos, critican sin fundamento sus creencias, destruyen su fama, mancillan su nombre; acaban con el criticado en forma despiadada.

La falla del sentido común se da en creer que criticar a otros por presión del grupo no tiene consecuencias en la relación de amistad que se pueda tener con el criticado. Más temprano que tarde, la imagen y el vínculo con el criticado se va deteriorando, a pesar del nivel de amistad que se haya tenido, pues la crítica que se haga del mismo termina por acabar con el poco aprecio que se le tenga. La crítica destructiva que se haga del conocido genera un sentido de culpabilidad que se encarga de alejarlo del criticado. El no usar el sentido común para darse cuenta de lo que está ocurriendo no le permite captar hasta qué punto la crítica gratuita y obligada por el grupo lo ha transformado en un individuo al cual no se le puede confiar nada porque algún día termina criticando negativamente a cualquier conocido o desconocido.

En forma parecida y siguiendo esta lógica, se da con frecuencia el engaño del sentido común no ejercitado en creer que un supuesto 'amigo' que critica continuamente a los demás destruyendo lo mejor de su imagen, y lo hace delante de ti, no va a criticarte frente a otros. Esa es su forma habitual de relacionarse con las personas. No hay por qué engañarse y dejar de reflexionar: esa será la forma igual a como reaccionará frente a sus conocidos ofreciéndote, como exquisito manjar, para destrozarte con el mismo nivel de crítica negativa cuando criticó a otros delante de ti.

La misma reflexión es válida a la inversa. Es el creer que se puede criticar destructivamente a alguien a sus espaldas y pretender que no se va a enterar de esa critica por medio de algún conocido. Este mecanismo, tan humano, se repite sin cesar. Se critica a alguien a sus espaldas y lo que tú dijiste por lo general le llega a sus oídos distorsionado o exagerado. Esto lo hará un lengua-flojo como lo fuiste tú al criticarlo a sus espaldas.

Si tienes que enfrentarte con el que criticaste e intentas negar lo que dijiste cuando él ya lo sabe, tu sentido común se hunde aún más porque para ocultarlo tienes que decir una mentira más, lo que pondrá en evidencia que de hecho sí hiciste dicha crítica. 'Más vale ponerse colorado una vez, que cien descolorido' y admitir a tiempo tu error y falta de lealtad que tratar de ocultar una verdad que brilla como el sol.

Tanto en la amistad como en la pareja, las mentiras son cruciales porque en ambos casos el mecanismo funciona de igual manera y va contra la lógica del sentido común. Se da cuando se dice una mentira para encubrir una falta, un rumor, una envidia, un negocio sucio, una trampa, una infidelidad. Se cree, engañosamente, que uno se va a acordar de las primeras mentiras que originaron la cadena de mentiras para encubrir la primera mentira. Para la cuarta o quinta mentira ya uno no se acuerda con precisión que fue lo que dijo en la primera. En ese momento el dicho popular, expresión del sentido común, se hace verdad en toda su extensión: 'cae primero un mentiroso que un cojo'.

La envidia por lo que el otro tiene

Con qué facilidad caemos en la trampa de envidiar lo que el otro tiene, la ropa nueva que estrenó, el carro nuevo que se compró, el crucero que disfrutó, la aventura que realizó, los estudios que pagó, la comida cara que degustó. La lista no tiene fin porque lo que envidiamos de los demás no tiene límite.

Una falla en el uso del sentido común se da cuando envidiamos lo que el otro ha conseguido. Pocas veces hacemos la reflexión de que la adquisición de esa nueva prenda o artículo no fue gratis. Independientemente de cómo haya adquirido el dinero, la compra de la ropa, los gustos que se da, y la buena vida que goza, la mayoría de las veces no se la han regalado. De alguna manera ellos han tenido que trabajar intensamente para obtener el suficiente dinero que les permite hacer las compras que les envidiamos. Dinero que en algún momento les ha costado gran esfuerzo para obtenerlo, en suficiente cantidad, para darse los lujos que les envidiamos o que aspiramos tener.

Si decido comprar el mismo vestido caro que mi rival consiguió seguro que será a un precio alto. Lo más probable es que dicho precio me exigirá un esfuerzo considerable para conseguir esa suma de dinero. En ese momento caeré en cuenta del costo efectivo que el otro ha tenido que pagar, pues me está costando igual o parecido esfuerzo por conseguir dicho dinero.

La lección que el sentido común ofrece respecto de este tipo de envidia es clara. Todo lo que me apetece, cuesta; todo lo que los demás tienen, les ha costado conseguirlo y han tenido que esforzarse intensamente para obtener el dinero suficiente para comprar aquello que estoy envidiando. Envidiar, pues, lo que ellos tienen olvidando que a ellos también les ha costado trabajo y esfuerzo es no reconocer que a nadie le regalan cosas costosas porque sí. La mayoría tiene que dedicarle el tiempo y la energía para conseguir el dinero que les permite esos lujos.

Amistad en el Trabajo

Siguiendo la misma línea de razonamiento esto es lo que ocurre en el trabajo cuando ingenuamente caemos en la trampa de 'confraternizar' con los compañeros de trabajo y creemos, sin usar el sentido común, que si criticamos negativamente al jefe o al supervisor con un colega del trabajo (creyendo que podemos confiar en él), que este u otro empleado, no termine soplándole al jefe o al supervisor lo que dijimos de él.

El sentido común nos dice con meridiana claridad que la mayoría de nuestros conocidos se comportan como la mayoría de los humanos y en cuanto a criticar se refiere hay algo en nosotros que no nos deja tener la lengua quieta y terminamos repitiendo a alguien 'de confianza' lo que nos han dicho otros 'en confianza' y más rápido de lo que canta un gallo, el criticado se entera de lo que se ha dicho de él. Mal rato el que se pasa cuando el criticado es el jefe, pues va a creer la versión que le llegue de lo que dijiste sobre él, sin preguntarte si lo que oyó es cierto o no.

El sentido común, visto desde la perspectiva de la justicia, te sugiere que, si tienes una observación que hacerle a tu jefe, la hagas directamente con él, claro está guardando el debido respeto y estando atento al momento más propicio. Es altamente probable que el jefe quede agradecido por tu sinceridad y espontaneidad de hacerle caer en cuenta de una debilidad o defecto del que no se había percatado, pero que lo tenía en grado tan obvio que los demás empleados hablaban del mismo.

La situación laboral en el trabajo siempre es delicada y no hay formulas mágicas para manejarlas. Lo que el sentido común sugiere es que si se desea oponerse a una injusticia laboral, esta oposición, con absoluta seguridad, va a generar encontrones difíciles con la autoridad de la empresa. Es la ley del patrón que se quiere defender a toda costa, especialmente cuando sus empleados dan muestras de estar descontentos y de no querer trabajar porque las condiciones no les son favorables, o son interpretadas como injustas. Si se quiere llevar a cabo una labor de justicia, el sentido común sugiere que la forma más efectiva de enfrentar dicha injusticia laboral es haciéndolo con una representación, una comisión elegida por los empleados para que los represente frente a los directivos y les expongan el descontento y las razones por las cuales los empleados desean que la norma sea revisada, o que sea establecida una nueva norma que se ajuste a sus demandas.

El sentido común es claro en afirmar que un individuo, si se enfrenta solo a sus jefes, corre el riesgo de que ellos lo conviertan en una víctima, un mártir cuando lo echen de la empresa bajo cualquier pretexto. En cambio, si se presenta en un frente unido con los demás compañeros de empresa, el resultado puede ser la modificación de la situación expuesta.

Relaciones con el dinero

Pobreza no es solo falta de plata

La pobreza es una condición en la que nadie quiere vivir, ni aspira a ser pobre por ser pobre. Eso va contra el deseo innato que tenemos de vivir cómodamente, con lo necesario para no vivir con el fantasma de carencia con que tantos humanos viven toda su vida. Tenemos anclado en la mitad del ser el goce de vivir con las necesidades básicas cubiertas. Nadie quiere ni busca acostarse con hambre, levantarse con hambre y pasar el día con hambre. El mismo cuerpo se rebela contra esta carencia y nos acosa con sus señales de que necesita de la comida para seguir funcionando. Son muy pocos los que buscan dormir sobre una tabla por cama, en vez de un mínimo colchón que amortigüe la dureza de la tabla, conserve el calor del cuerpo en las noches frías. Esos que lo hacen por elección son monjes o místicos dispuestos a sufrir bajo la convicción de que eso tiene un mérito espiritual. Si nos dan a escoger entre tener ropa limpia todos los días en vez de pasar una semana, dos semanas con la misma ropa sucia y maloliente, la mayoría prefiere la muda limpia diariamente.

La pobreza pues, no es un estado natural que el hombre desea y busca. Es un estado de condición social en la cual nació y se crió; es el resultado de falta de educación y de ausencia de oportunidades para desarrollar sus talentos. La pobreza es la imposición de gobiernos y monarcas que les importa un bledo el bienestar de sus súbditos que son considerados como bestias de carga obligados a servir a los que detentan el poder.

Pero una cosa es ser pobre y vivir en la pobreza; otra es creer que porque se es pobre se tiene permiso/ licencia para ser sucio, desordenando en casa y en las posesiones personales, por pocas que sean. Cuando así se vive el sentido común perdió su capacidad de reflexión para darse cuenta que mucho de la condición de pobreza es un estado mental, no una carencia material. Cuántos pobres viven en casas tan limpias y ordenadas que dan ejemplo a aquellos que tienen servicio doméstico para hacer la limpieza y sin embargo no pueden sostenerla porque su falta de disciplina los lleva a continuamente desordenarlo todo, ensuciarlo todo, maltratarlo todo, pues no valoran lo que tienen y por lo tanto no lo cuidan.

Ser un pobre limpio y ordenado es posible en la mayoría de los estados de precariedad. Todo depende de la formación y desarrollo del sentido común para discernir dónde están los valores del ser humano que se pueden expresar con rutilante brillantez, aun cuando sea pobre.

La Adquisición monetaria

En este proceso sí que suele fallar el uso del sentido común. Cuántos miles de miles de personas viven con la ilusión que un día serán ricos porque compran un pedazo de lotería todas las semanas o todos los meses.

Estas personas ciertamente que no se han sentado a pensar primero, lo que implica una lotería en términos numéricos. Las loterías que ofrecen una soberbia cantidad de dinero, como las que ofrecen el premio mayor, son las que más atraen a los incautos que viven soñando con este espejismo. Digamos que una lotería ofrece un millón de dólares o euros como premio mayor, y que por lo tanto atrae una muchedumbre de soñadores que desean hacerse millonarios de la noche a la mañana; estos pueden fácilmente llegar a ser 50.000 o más compradores. Este número se convierte, para un comprador individual, en el número contra el cual tiene que competir, o sea la posibilidad de ganarse el gordo de la lotería es **una** en 50.000. Cuántos sueñan, piden el milagro a su santo de devoción, hacen juramentos y promesas si se ganan ese gordo de la lotería. Encima de las mínimas probabilidades de que su número salga electo el día de la rifa (una en 50.000), se da con frecuencia que los organizadores, deseosos de no dar esa cantidad de dinero a ningún ganador, diseñan la sacada de los números de tal manera que nadie los tiene. De esta manera, nadie gana esa cantidad y esta queda acumulada para la próxima vez que vuelvan a jugar el gordo.

Ante semejantes improbabilidades para ganarse un gordo de la lotería, el sentido común puede concluir que el dinero que se gasta todas las semanas en comprar lotería, si lo ahorra, en dos o tres años tendrá una suma apreciable que podrá usar en la compra de algo deseable y necesario o para cubrir una emergencia.

A la par de la lotería, como una forma de obtener dinero fácil, se da en el mundo de los faltos de honestidad, las múltiples oportunidades y los diversos mecanismos, aun legales, por medio de los cuales se puede obtener dinero rápido y aparentemente fácil. Es el caso del contrabando, de la especulación en tierras e inmuebles, en la falsificación de documentos de propiedad, en el uso de artimañas legales para no pagar impuestos, en el robo directo de bienes de consumo para ser revendidos a un menor precio pero suficiente para hacer ganancia; o peor, en la venta de armas, de medicinas prohibidas, o de drogas destructivas de la mente de los consumidores.

En cualquiera de estos casos, el sentido común puede fácilmente analizar que ese medio de hacer dinero, aunque atractivo por la cantidad que se puede obtener, aunque relativamente fácil por conseguir, es un dinero que tarde o temprano trae problemas y consecuencias. Sea que la ley le caiga encima, sea que los interesados en el negocio traicionen las reglas del convenio inicial, sea que alguien en esa cadena decida quedarse con el control del negocio y use la violencia como el medio para conseguirlo; en cualquiera de ellos el precio que se paga al final es mucho más alto que lo que se gana.

Cuántos de estos jugadores por sacarle partido a las debilidades del sistema judicial o el legal, terminan en la cárcel, desterrados de su país porque los persiguen, desprestigiados al punto que nadie quiere hacer negocios con ellos, o en el peor de los casos, cuántos terminan como víctimas casuales de un encuentro entre bandas, de una redada policial, de una venganza personal.

El dinero deshonesto, el dinero fácil, siempre acarrea consecuencias que la mayoría de las veces no son nada agradables y por el contrario son nefastas o fatales. Una pequeña reflexión de sentido común sobre la manera como se está procediendo para adquirir un dinero fácil, puede, con relativa claridad, mostrarle al individuo el por qué no le conviene meterse en dicho torbellino.

La no-planificación del futuro (herencia, seguros)

Qué curioso que, sabiendo que los eventos nefastos, incontrolables y fulminantes nos pueden caer encima en el momento menos previsible y a cualquiera de la familia; sabiendo que esto es la ley normal de la vida, sin embargo no escribimos a tiempo un testamento. Cuando de hecho nos ocurre un accidente o nos sobreviene una enfermedad terminal, quienes padecen las consecuencias son los seres queridos que dependen de nosotros. Una vez muerto, uno no tiene que preocuparse de nada. Los que quedan vivos son quienes tienen que lidiar con las consecuencias de nuestra ausencia: pagos y deudas pendientes, bienes por repartir sin peleas, empresas por seguir administrando, propiedades por definir su uso y pertenencia.

La demora de hacer un testamento a tiempo parece que es puesta en suspenso indefinido ocurre porque se vive bajo la falsa creencia de que, si no pensamos en la muerte, de hecho no nos visitará la dama de la guadaña. Pensamos, en una forma tan ilógica que desafía al sentido común en su misma esencia. El pensamiento ilógico que manejamos usa el siguiente silogismo: 'eso del testamento' es mejor dejarlo para lo último, cuando ya estemos a punto de partir para el otro lado. En ese momento se puede pensar en hacer un testamento porque la cercanía de dicha partida es un hecho innegable que ya no podemos evadir.

Esta es una forma mágica de pensar sobre la temporalidad de la vida terrenal. Caemos en la trampa de autoconvencernos que si no pensamos en la muerte, esta no nos va a llegar inmediatamente, y que por lo tanto podemos alejarla, mantenerla a raya mientras no pensemos en la misma.

En esta falacia se puede ver como se contradice el sentido común que, con facilidad, nos hace caer en cuenta que nadie tiene certeza de cuándo se va a hacer la transición al otro lado. Esta nos puede llegar en el momento menos esperado, o por el contrario, creyendo que está a la vuelta de la esquina nos sorprendemos cuando se nos alarga la partida de una manera impredecible. Lo único seguro es que un día, no conocido con precisión, hemos de dejar este plano temporal. Por lo tanto, desde el momento que se tienen hijos, ese es un magnífico momento para escribir el testamento sobre lo que se posee en ese instante. Si más tarde aumentan las posesiones sencillamente se modifica el testamento. Pero, si la muerte nos agarra en un momento inesperado, es mucho más sabio y de sentido común dejar en regla y orden aquello que se ha de heredar. De lo contrario, casi con certeza, esos bienes se van a convertir en motivo de peleas y desunión en la familia porque siempre habrá uno o varios que se sienten con derecho a tener una tajada mayor de dicha herencia.

Otra área donde nos falla el sentido común es en lo referente a los seguros de vida o de salud que erróneamente consideramos como secundarios, innecesarios, y suntuarios, especialmente cuando somos jóvenes adultos, etapa en la que nos creemos invencibles, perdurables, saludables e inmunes a cualquier enfermedad, protegidos mágicamente de cualquier accidente o evento similar.

No faltan aquellos que desechan estas necesidades de protección porque equivocadamente las consideran muy caras e innecesarias para el momento en que se vive dicha juventud. Es típico el caso del joven que hace caso omiso de conseguir un seguro para el carro. Su razonamiento raya en la contradicción porque usa la más común de las excusas, y es que el seguro 'cuesta mucho' y el no tiene una entrada fija que le permita hacer los pagos de dicho seguro. Además, en su ingenuidad y falta de desarrollo de su sentido común, el carro está en buenas condiciones y por lo tanto es altamente improbable que necesite la protección de un seguro. Falacia fácilmente detectable cuando la realidad nos muestra todos los días cómo, carros nuevos en supuestas condiciones ideales de funcionamiento, son embestidos imprevistamente por un carro tanque, por un bus, o una tractomula que lo convierte en pura chatarra, y dejan a los ocupantes muertos o lisiados para toda la vida.

Este es un magnífico ejemplo de cuánto les falta desarrollar el sentido común. Juventud no es sinónimo, ni equivalente automático de estar protegido de cualquier enfermedad o accidente fatal. Cualquiera, independientemente del buen sueldo, de la buena salud, del buen trabajo, de lo equilibrada que pueda ser su manera de comer, cualquiera puede ser víctima de una enfermedad que se adquiere en un viaje, en el contacto con un enfermo contagioso asintomático, en un avión donde se tiene que respirar el mismo aire reciclado dentro de la cabina presurizada. Los momentos, susceptibles de transmitir una enfermedad contagiosa son más numerosos que los mecanismos de defensa que el cuerpo tiene para combatir las enfermedades.

Igualmente cualquiera puede ser víctima de un accidente inesperado cuando un borracho manejando pierde el control del vehículo, se encarama sobre la acera y se lleva por delante a los peatones que estaban esperando cruzar la calle. Nadie está exento de una resbalada en la ducha cayéndose hacia atrás y golpeándose la nuca con la perilla del agua cayendo muerto dentro de la tina. Cualquier jugador de deportes de fuerte contacto físico como el futbol, el rugby, el basquetbol, el boxeo o la lucha libre puede ser víctima inesperada de un golpe que lo deje paralítico para toda la vida, o en el peor de los casos, como el boxeo, puede fulminarlo de un golpe preciso en la cabeza que lesiona instantáneamente el cerebro causando la muerte, o dejándolo físicamente impedido para el resto de su vida.

En cualquiera de estos casos, es un gran beneficio para la familia que el difunto tenga un seguro de vida o de accidente. Estos momentos trágicos son capaces de desangrar la economía de una familia. Se pueden mitigar usando el sentido común y obteniendo un seguro contra accidente o muerte que alivie en algo la situación de tensión que tendrán que afrontar los parientes y allegados. No tener esta precaución de obtener un seguro de vida o de accidente, especialmente cuando se está inmerso en un deporte peligroso, o en un trabajo de alto riesgo, o simplemente porque se puede ser víctima de un accidente no previsto, es realmente un falta garrafal de sentido común.

Vida sin objetivos y planes de acción, es vida de ensueños

Son demasiados los que tienen una mentalidad mágica cuando se trata de alcanzar metas. Lo primero que parece fallarles en ese deseo difuso es no tener metas claras de qué es lo que se quiere obtener. El sentido común no funciona correctamente y piensan o más bien sienten una gran atracción por la idea de querer alcanzar una meta. Cuando se les pregunta, cuál sería dicha meta, lo sorprendente es oír una respuesta que no tiene claridad sobre en qué consiste la meta. Una meta que no se define con claridad es una meta que no puede guiar los esfuerzos correctos para alcanzarla. El engaño constante en esta forma de usar el sentido común es terminar con la idea de que con solo pensar/desear una meta, ésta se alcanzará automáticamente.

Cuán lejos coloca al individuo el alcanzar la meta con esta manera de pensar. Entre más difusa sea la meta lo más probable es que jamás la alcance, mucho menos la disfrute. Para obtener una meta, un objetivo es absolutamente necesario tener un plan de acción. Un buen plan de acción que sea eficaz tiene que definir los pasos que se deben dar para llegar al propósito deseado; tiene que definir cuáles son los recursos que se necesitan para lograrlo; tiene que identificar la fuente de donde va a conseguir dichos recursos; tiene que estimar el tiempo que se requiere para llevar a cabo dichos pasos. Sin estos elementos básicos y esenciales no se puede aspirar a que la meta se alcance. La definición detallada de estos requisitos hace la diferencia entre fracasar o tener éxito.

Queda claro, que desde el punto de vista del sentido común, este nos dice que quien quiera alcanzar una meta, quien desee obtener un objetivo tiene que definirlo primero para tener claridad mental de lo que quiere obtener o a dónde quiere llegar. Esta definición implica un serio análisis de los sueños que se tienen para ver cuáles de ellos son realistas porque se tienen las cualidades o habilidades necesarias para obtener la meta, y se tienen los recursos exigidos por el proceso. Una vez que estos elementos estén claros, el plan de acción detallado permitirá, en un lapso de tiempo prudente y realista, verificar si se ha llegado al punto deseado. No basta con soñar - que es un primer paso indispensable; es necesario darle cuerpo y viabilidad al sueño para convertirlo en realidad.

Otros engaños

Paralelamente a esta ensoñación, se da otro engaño común en aquellos que no ejercitan su sentido común. Se trata de los que creen que pueden vivir cómodamente sin aprender un oficio, sin estudiar, sin convertirse en un profesional.

Esto pudo llegar a ser verdad en una época pre-científica antes del siglo XX, pero no lo es desde que la ciencia se instaló como directriz motriz del desarrollo. Fenómeno que se intensifica en el siglo XXI y que podemos predecir será el factor predominante del avance de la civilización en esta nueva etapa de la humanidad.

Por lo tanto, en una era dominada por la tecnología es natural que la exigencia de aprender un oficio, de estudiar a fondo una profesión se haya convertido en uno de los requisitos ineludibles si se quiere vivir con algún nivel de comodidad, cubriendo las necesidades básicas de alimento, techo y educación de los hijos. Creer que se puede avanzar en el mundo moderno sin ningún nivel profesional es no captar que el mundo ha cambiado radicalmente y que se mueve, crece y se expande a medida que la tecnología es aplicada para resolver miles de problemas teóricos y prácticos. El uso de cualquier invento tecnológico aplicado a la práctica en el trabajo exige que se domine dicha innovación tecnológica que implica a la vez que se la estudie con la suficiente profundidad para entenderla y aplicarla. La adquisición de dicho conocimiento normalmente no se adquiere en la calle, por más que ésta brinde su propia cultura. Es necesario ir a los establecimientos donde se imparten esos conocimientos. Sin ellos, el hombre común y corriente queda a merced de quienes definen las relaciones laborales y de sueldo de acuerdo a la calificación de la mano de obra. El que menos sabe, menos recibe.

El sentido común, pues, consigue para el individuo la claridad en entender esta ley fundamental del mundo laboral moderno. Sin preparación académica/técnica adecuada y en el nivel de profundidad que se requiere, es muy difícil entrar en el campo laboral y tener éxito. Es necesario tener los conocimientos básicos para competir con otros que están buscando el mismo objetivo. El nivel de triunfo lo va a dar el esfuerzo invertido más el nivel de conocimientos adquiridos. Sin estos dos ingredientes es muy difícil conseguir avanzar en un medio competitivo donde la experiencia y el conocimiento dominan y configuran el avance profesional.

La riqueza de la Salud

La Salud

La salud es otra de esas áreas donde el sentido común parece no funcionar. Nuestras generaciones parecen haber recibido un lavado de su capacidad crítica y analítica cuando se encuentran frente a la posibilidad de ingerir cualquiera de las comidas rápidas que la industria del alimento les ofrece. Esta industria está montada sobre premisas de eficiencia, de bajo costo y de alto rendimiento económico, no en el bienestar del cliente que es visto, considerado y tratado básicamente como consumidor que no tiene desarrollado el análisis crítico que le permita preocuparse por lo que come. El interés de esta industria es producir el máximo posible de comida, en el menor tiempo posible, y con un rendimiento económico que raya en los miles de millones de dólares.

Para lograr este propósito los dueños de estas empresas han inventado varios mecanismos. El más conocido y probablemente el de mayor impacto fue el invento de la producción en serie de los carros Ford, la clave del éxito económico que obtuvo el genial Sr. Ford. Su formula simple conceptualmente, pero de un rendimiento extraordinario, fue el crear una cadena de producción masiva ensamblando el carro Ford con piezas estandarizadas de manera que cada vehículo Ford del mismo modelo era, en términos de producción, idéntico a su hermano gemelo.

Aplicar este principio de estandarización fue lo que llevó al éxito rotundo de MacDonald, de la Coca-Cola, de las sopas Campbell. En una fábrica o negocio los ingredientes producidos por una central son hechos con medidas estandarizadas que permiten afirmar que una hamburguesa de McDonald producida en New York es prácticamente la misma en apariencia, sabor, color, e ingredientes que una hamburguesa preparada a más de tres mil millas de distancia, en Los Ángeles. Las máquinas en las que se fríen los 'chips' de papa son las mismas en diseño en cualquiera de los establecimientos. Las papas ya cortadas por millones son entregadas a cada establecimiento y estas se fríen en una caldera con aceite que tiene básicamente la misma forma rectangular y la misma profundidad. Obviamente utilizan el mismo tipo de aceite que les llega en recipientes diseñados para su fácil manipulación y almacenamiento y preparan las papas fritas en el aceite que tiene que estar a la misma temperatura definida por la empresa. La carne utilizada en cada hamburguesa no se escapa de esta estandarización. Dicha carne está hecha de diferentes partes de la vaca, todas mezcladas para hacer una masa uniforme que es comprimida en redondeles, cada uno del mismo tamaño y grosor. En forma parecida cada pan está horneado al mismo tamaño, que en forma predefinida, alberga perfectamente el redondel de carne que va a convertirse en el corazón de la hamburguesa.

El incauto consumidor compra una hamburguesa que se le es dada en una orden individual, pero que en realidad es el producto de una producción masiva donde cada hamburguesa es virtualmente idéntica a la que está a su lado. Miles de compradores de hamburguesas, cocinadas en muy poco tiempo, resuelven el almuerzo o la comida para las cuales no 'tienen tiempo' para preparar en casa. La comodidad de compra de esta comida rápida se convierte en el criterio de compra, no el preguntarse ¿Qué es lo que me estoy comiendo? ¿Cuál es su valor nutritivo? Preguntas claves desde el punto de vista de la salud, pues la calidad del alimento es lo que determina en gran parte el nivel de buena salud que se tiene o que no se tiene. Preguntas claves que, el que está apurado por consumir el almuerzo, no las hace ni las reflexiona. Quien termina alimentándose diariamente o la mayor parte del tiempo con esta comida rápida termina con problemas de salud, pues los niveles de colesterol son altísimos, y la combinación alimentaria es pésima porque combinan carbohidratos con proteína y con ácido (el pan, el tomate, los pickles).

Un corolario a esta reflexión es el hecho de que, con papel y lápiz, se puede comprobar que la creencia de que la comida rápida es menos costosa que el hacerla en casa es falsa. El costo de los ingredientes de una comida preparada en casa generalmente está por debajo del precio de una comida rápida. Lo que sí es verdad es que la preparación casera requiere más tiempo, más esfuerzo personal. Sin embargo, el resultado final, la comida preparada con entusiasmo y amor, tiene generalmente mejor sabor que la comida rápida hecha en un establecimiento organizado para el rendimiento y la ganancia, no para el deleite de los comensales.

Se trata pues, de una elección consciente, que debería llevar el peso del sentido común. ¿Qué me conviene más, una comida rápida, estandarizada, altamente procesada, o el deleite de prepararme una cena hecha con calma y esmero para obtener de ella el mejor sabor posible? Elección entre la eficiencia y rapidez de una comida rápida preparada con ahorro de tiempo y una comida preparada para el disfrute y deleite en la compañía de los seres queridos.

La industria de la comida ha logrado otro triunfo reciente. Es el de haber convencido a la masa de sus consumidores que el alimento preparado por su infraestructura es tan natural como el alimento preparado en casa. El sentido común inmediatamente se da cuenta de la falsedad de esta afirmación. La comida enlatada requiere, si desea tener una vida larga de almacenamiento (como es el deseo de todo productor de comida enlatada), que se le añada algún tipo de preservante químico que extienda su presencia en el tiempo sin descomponerse, lo que no requiere el alimento fresco preparado pocas horas después de ser comprado en el mercado, o a lo sumo unos días después de estar en el refrigerador. Este químico preservante puede alargar la presencia de un alimento enlatado por varios meses, pero al costo de lo que dicho químico tiene de impacto sobre el organismo, que en muy raros casos lo advierten los productores de los enlatados.

Después están los colorantes y los saborizantes. Ambos son agentes químicos producidos en el laboratorio. El colorante tiene como fin darle a la comida enlatada la apariencia de un estado de frescura artificial, pues el color es vivo y fuerte. El saborizante le devuelve a la comida lo que ha perdido de sabor en el proceso de cocido a altísima temperatura y presión. De hecho ese mismo proceso ha eliminado las vitaminas o minerales que tenía el alimento porque son evaporados por el intenso calor a los que son sometidos. Por lo tanto, la mayoría de los productores de enlatados tienen que agregarle a los mismos, vitaminas y minerales producidos en un laboratorio, lo que quiere decir que no son naturales.

Lo interesante del proceso de conversión de la comida natural a envases de lata es el esfuerzo que la industria ha hecho para hacer creer al ingenuo consumidor que dichos productos son sanos y que no son dañinos para la salud. Cuán lejos de la verdad está esa afirmación, pues la ingesta prolongada de dicha comida enlatada termina por recargar el sistema digestivo hasta el punto que se enferma. El cuerpo tiene un límite de aguante para recibir indefinidamente estos alimentos saturados con químicos que el organismo no está diseñado para asimilar. Cuando se satura su punto de resistencia, de ahí para adelante el cuerpo se enferma y deja de servir al individuo para llevar a cabo una vida productiva, pues aparecen los canceres de estómago o del colon, los impactos en el páncreas o en el hígado; los problemas o enfermedades crónicas y delicadas como la diabetes.

El sentido común no tiene que esforzarse para concluir que el ingerir esta clase de comida no es saludable y que por lo tanto se debe ejercer un serio autocontrol para no dejarse convencer por la publicidad que nos presenta estas comidas como la solución a nuestros problemas de preparación de comida o por la sutil presión que ejerce el ejemplo de aquellos conocidos o desconocidos que consumen estos alimentos sin la menor reflexión.

Diversión sin criterio

La Diversión moderna

Sin duda que el cine y la televisión contemporáneos continuamente refuerzan visualmente en qué consiste una diversión 'a todo dar' con los amigos y conocidos. Las escenas de estar disfrutando el ambiente encerrado de una discoteca-bar con las luces multicolores centelleando, el volumen de los altoparlantes a punto de dejar sordos a los frenéticos bailarines, la música de percusión haciendo vibrar los músculos del vientre y las caderas con su provocativo ritmo primario, los chillidos discordantes de un cantante que el disc jockey pone a todo volumen para que lo oigan, el humo de los cigarrillos ahogando la masa delirante que grita y se mueve como marionetas sin control, los vasos de licor que no cesan de ser llenados de nuevo para opacar la realidad externa en la bruma de su propio elixir, son las imágenes incesantes de la televisión que crean la percepción y el convencimiento de que ésta es forma deseable y normal de divertirse. En verdad, lo que dichas imágenes definen es que la diversión moderna es deseable si está inmersa en un ambiente donde el ruido, las luces enceguecedoras y las estridencias sin mayor control invaden el recinto creando un ambiente surrealista.

Esta es la imagen que los televidentes ven continuamente presentada a ellos como la definición de lo que es divertirse a la moderna, a la altura de las nuevas exigencias de la época y de la tecnología electrónica. Quien no está divirtiéndose de esta forma, se le considera que no está 'in', que no tiene ni idea de lo que se está perdiendo, y que no disfruta de lo que la cultura urbana tiene para ofrecer.

No es de extrañarse, pues, que otros tipos de diversión, menos agitada y frenética, se les antoje como aburrida y sin atractivo. La diversión moderna, para ser diversión atractiva, según los criterios actuales de qué es lo que atrae a los jóvenes, tiene que apelar a todos los sentidos llevándolos al paroxismo de intoxicación. La diversión campestre, con la familia se les presenta como anticuada e inapetecible. El sentarse a gozar de un momento familiar después de la comida para conversar o jugar algún juego de mesa es el epitome del aburrimiento.

Es difícil competir con el frenesí de una discoteca-bar. No hay cómo hacer comparaciones porque lo que define el ambiente de una discoteca está prácticamente opuesto a lo que define una diversión calmada, en compañía de gente tranquila que no tiene necesidad del ruido y de las luces para sentirse a gusto con los amigos y familiares. Aun así, el sentido común puede discernir que la estridencia de ruido y el torbellino de los efectos lumínicos no construyen el medio propicio para el diálogo que cimenta la amistad, que apoya la experiencia traumática, que pone oído atento a lo que el otro está compartiendo. Quien solo ve y aprecia la diversión como un sumergirse en ese mundo alocado de ruido y de luces artificiales está condenado a divertirse con estrés, a no aprender a compartir tranquilamente con el amigo/a un momento de sano esparcimiento sin todos los elementos de bulla, sonido y luz que tiene la discoteca. Quien utiliza el sentido común puede concluir que es falso creer que la diversión con los amigos y conocidos es más divertida cuanto más excesos ambientales se encuentren en el sitio de esparcimiento.

Los amigos de farra

Hay un área de la relación de pareja y de los hijos que parece no tener ni pies ni cabeza cuando se la analiza con frialdad. Quien no ha hecho el proceso de captar el valor esencial que tiene el tiempo dedicado a pasarlo con la compañera o con los hijos en vez de hacerlo con los amigos de farra, ha perdido una de las oportunidades más ricas para ahondar y consolidar el amor familiar.

El sentido común afirma que nadie cultiva la amistad y conoce al otro a fondo al menos que le dedique el tiempo para escucharlo, para intercambiar ideas, para comparar conceptos, para experimentar situaciones que los atraigan y consoliden el primer chispazo de atracción que los llevó a formalizar una relación de pareja, o a optar por traer a la vida una extensión de la propia existencia en la presencia de un bebé. Este ahondamiento exige que se le dedique el tiempo necesario, los minutos y las horas en compañía del otro profundizando en esa incomprensible sicología que define a cada uno. Esto no se logra al menos que se opte por pasar las noches y fines de semana con ellos en vez de irse de farra con los amigos de otra hora cuando no se tenía compromiso formal con aquellos que ahora amas.

El sentido común, pues, ayuda a poner en la balanza de la decisión para definir qué es lo más importante en tu vida. ¿Es el estar en compañía de unos amigos cuyo fin primordial de los encuentros es beber y hacer comentarios insulsos sobre todos y cada uno de los conocidos o dar opiniones infundadas sobre el estado actual del gobierno, o enzarzarse en una morbosa descripción de la última conquista femenina, o es más importante para el crecimiento personal cultivar el amor y el respeto de las personas que te estiman de veras, obtener el respeto de los hijos que dependen de ti, ganar la admiración de la compañera que necesita de tu presencia y apoyo?

Esta mal interpretada 'fidelidad' a los amigos de farra fácilmente puede obnubilar el valor real y más duradero como es el cariño y amor de la compañera y de los hijos. Ambos se rescatan y se consolidan en el tiempo que se les dedica y en la medida del amor que se les otorga. El proceso exige pues, elegir entre pasar el rato con los amigos de farra o vivir ese mismo tiempo en compañía de quienes constituyen el núcleo de la vida y le dan pleno sentido a tu existencia.

El sentido común concluye con facilidad que los amigos de farra son las personas más volátiles y temporales de todas las que se han de conocer en la vida. Ellos son 'amigos' en la medida en que les acolites las farras, bebiendo hasta altas horas de la madrugada. Si logran que seas tú el que pague las rondas de alcohol ingerido, en esa medida será su apreciación, siempre y cuando continúes pagando la cuenta. En el momento en que decidas que ellos también tienen que contribuir, qué sorpresa!, de pronto, como por arte de magia, dejan de ser 'amigos' y comienzan a criticarte, a insultarte por ser 'tacaño', aburrido, y mal 'amigo'.

El amigo que solo puede manifestarse como amigo cuando se está de juerga no es, por cualquier medida que uses, un verdadero 'amigo'. Es más bien, alguien que depende tanto de la farra que sin ella no puede vivir socialmente, porque su incapacidad de relación solo puede manifestarse con algún grado de desinhibición cuando está subido de copas, no subido en amistad.

Acciones sin aparentes consecuencias

Burlando la ley

De todas las fallas que el sentido común tiene, la creencia que se puede cometer una fechoría y que esta no tiene consecuencias mientras no lo pesquen a uno, es quizá una de las más comunes en la cultura del hampa. En dicha cultura se ensalza, se convierte en héroe aquel que ha aprendido a no dejarse pescar por la ley o por los enemigos del otro bando. La habilidad de eludir el castigo se convierte en virtud y la responsabilidad moral de algún acto ilegal o prohibido se diluye en los elogios recibidos.

Los que piensan de esta manera no han caído en cuenta que la misma Vida se encarga de hacer justicia cuando, tarde o temprano, algo o alguien exige retribución por el acto transgresor. Lo interesante es cómo dichos sujetos no ven la conexión entre lo que hicieron y las consecuencias que están viviendo posteriormente. En su percepción estos son hechos aislados, separados, sin relación alguna. Una persona que haya desarrollado el axioma del sentido común que dice que toda acción, todo comportamiento tiene consecuencias, sean positivas o negativas dependiendo del carácter de la acción realizada, se da cuenta muy rápido de la conexión interna entre esos comportamientos negativos y las consecuencias negativas que está experimentando en ese momento.

La razón de fondo de por qué esta reflexión de sentido común es correcta, está basada en el hecho de que todos vivimos dentro de la gran ley universal que afirma que la maldad atrae la maldad y la bondad atrae a la bondad. Este mecanismo de atracción se convierte en el mejor juez de nuestras acciones. Si éstas están impregnadas de negatividad, si éstas surgen del lado oscuro de nuestra personalidad, si éstas son el producto de nuestra mente distorsionada que no distingue las acciones que maltratan y destruyen a los demás de las acciones que contribuyen a su crecimiento interior, éstas acciones negativas atraen la negatividad de aquellos que viven en esa misma onda vibratoria. Cuando el mal atrae el mal, este crece, y cuando llega a un nivel de crecimiento de tal magnitud, adquiere la capacidad de destrucción de todos los que están cerca. Lo más seguro es que tarde o temprano se paga el mal que hace a los demás con nuestras acciones negativas, nuestros comportamientos inmorales.

Un buen ejemplo se da en la ilusión de muchos que aspiran conseguir plata en forma rápida y abundante haciendo algo ilegal bajo el convencimiento de que si lo realizan exitosamente, dicha acción no tendrá consecuencias serias. De nuevo, el acto inmoral se convierte en virtud y la obtención fácil del dinero se convierte en la meta deseable, pues según ellos no se trata de transgredir ningún orden, sino de 'expresar una creatividad suma' que logra evadir a las autoridades. Otro justificativo es que supuestamente están haciendo 'justicia' quitándole a una institución o a una persona representativa de esa institución algo de la suma de dinero que de hecho dicha institución o sus miembros han extorsionando a inocentes incautos que les han confiado sus ahorros.

La belleza de esta ley de compensación es que es inexorable en su aplicación. Tarde o temprano, y muchas veces más bien temprano que tarde, las circunstancias de la vida cobran este tipo de transgresión a quien se cobija con cualquier excusa justificativa de sus actos inmorales. La justicia le llega sea a manos de otro que le ha jurado venganza, sea por las circunstancias negativas que le demandan sacrificios tan dolorosos como los que impuso a sus víctimas.

Las leyes justas buscan crear el equilibrio entre las acciones injustas y sus víctimas decretando el tipo de castigo que el perpetrador debe recibir por su transgresión. Quienes elaboran dichas leyes justas buscan el equilibrio entre el castigo y la infracción. De ahí que a la sociedad le conviene que dichas leyes se apliquen con todo el peso de su contenido. El hacerlas cumplir se convierte en la misión del cuerpo judicial como el del mantenimiento del orden. No es de extrañarse, pues, que a los transgresores les caiga encima el rigor de la ley haciendo que sufran las consecuencias de sus acciones y poniendo de manifiesto que en multitud de veces no se puede evadir el justo castigo por más habilidad que se haya adquirido para burlar la ley.

Manejar embriagado o drogado

El que bebe siempre se mantiene bajo el auto-engaño de que no está borracho. Lo afirma categóricamente, especialmente cuando quiere manejar y demostrarle a todos que está sobrio. Niega rotundamente que está bajo los efectos del alcohol y que sus reacciones están disminuidas al punto que se puede poner en peligro de un accidente. Prefiere discutir, gritar e imponerse a las reflexiones de sus amigos que le instan a que no maneje en ese estado.

Si tiene suerte y lo protegen los hados es posible que llegue a casa sin haber causado ningún accidente. Lo cierto es que no tiene idea al día siguiente si le dio un buen susto a alguien o si lo atropelló mientras manejaba estando ebrio.

Pero frente a la buena suerte que un borracho haya tenido en una ocasión, están los cientos de accidentes que ocurren diariamente en el mundo porque el conductor estaba ebrio. Esta es la razón número uno de muerte de adolescentes en Estados Unidos. Ellos son los que menos control tienen sobre la presión de grupo y consienten en beber cada vez que se reúnen para divertirse. Son los que, con demasiada frecuencia matan a los pasajeros del automóvil contra el cual se estrellan.

El sentido común se esfuma en los vapores del alcohol y el individuo que bebe pierde la capacidad para reflexionar y aceptar que no debe manejar en ese estado, que lo lleven a su casa o que lo envíen en un medio de transporte fiable

Lo cierto es que por no hacer la reflexión antes de tomar, de no manejar cuando bebe, no puede aceptar que los amigos o conocidos le digan que no debe manejar. Sin haber medido las consecuencias antes es altamente improbable que el sentido común le ayude a tomar la decisión de no manejar en estado de ebriedad.

Lo mismo puede decirse del que maneja bajo los efectos de cualquier droga (marihuana, coca, heroína, etc.). A estos les ocurre algo parecido que a los que beben alcohol. Creen que tienen el control de sus reflejos porque sienten la euforia artificial que les proporciona la droga. Mientras estén convencidos de este argumento, poco o nada hacen para evitar el conducir en ese estado alterado.

Manejar en ese estado de irrealidad es un verdadero peligro para sí mismo como para los demás, pues sus sentidos no le permiten hacer juicios atinados de distancia, velocidad, probabilidad de impacto. Quienes resultan heridos o muertos por esa irresponsabilidad inicial caen víctimas de aquel que no quiso creer, ni usar su sentido común para concluir que consumir droga disminuye o altera completamente los sentidos que requiere tener bajo control para poder manejar sin causarle daño a nadie.

Manejar enviando un texto por el celular

Qué cosa tan curiosa es ver a alguien haciendo algo que no tiene lógica ni sentido común. Es el caso del uso indebido del teléfono celular mientras está manejando. La experiencia enseña que mientras uno maneja es necesario estar totalmente concentrado en la conducción del vehículo porque son muchos los detalles que hay que tener en cuenta mientras se conduce: observar que el vehículo de atrás no esté demasiado cerca para que no me pegue, no acercarme demasiado al vehículo que va a cualquiera de los dos lados para evitar chocarlo, poner atención al vehículo de enfrente que, si frena de repente, yo pueda frenar inmediatamente y no le pegue por detrás, poner atención a la señal que el vehículo de adelante haga sea para voltear a la izquierda o la derecha, estar atento al color del semáforo que indica que hay que parar al igual que el aviso de "Alto" en el cruce de una calle, sin olvidar los que van en moto haciendo zigzag entre los carros, los que van montando en bicicleta y no hacen ninguna señal ni tienen una vestimenta de color claro para verlos de noche, o el distraído peatón que cruza la calle sin darse cuenta del carro que viene en su contra. Todos estos detalles y otros más, que hay que tener en cuenta mientras se maneja, son suficientes para que se deba poner toda la atención en ellos antes que hacer algo que nos distraiga los suficientes segundos para ponernos en peligro de un accidente.

Esos accidentes ocurren cuando desviamos la atención a un pequeño teléfono, con una pantalla pequeña, y unas teclas aún más pequeñas y nos concentramos en enviar un texto en esas condiciones, cuán fácil es que en ese momento se pierda el segundo o dos suficientes para causar un accidente, para atropellar a una persona, para golpear el carro enfrente o al lado.

Manejar mientras se envía un texto en el celular, o se marca un número de teléfono, o se responde a una llamada usando una sola mano para conducir por una calle angosta, en una vía de mucho tráfico o en una calle llena de huecos y pretender que con una sola mano se puede controlar el vehículo como si se tuvieran las dos manos sobre el volante, es un verdadero autoengaño y una falta del uso del sentido común que raya en la tontería y demasiadas veces termina en un accidente con lamentables consecuencias.

Exhibirse en el Internet

La magia del Internet tiene atrapados a los jóvenes de esta generación. Con la innovación de los celulares modernos estos muchachos tienen una pasmosa facilidad para comunicarse con sus amigos, conocidos, y cientos de desconocidos que, sin jamás llegar a verlos personalmente, sin embargo ellos creen estar conectados por el simple hecho de que pueden acceder a las páginas web como Facebook, Twitter y YouTube. En ellas encuentran un escenario donde pueden hacerse vistos por decenas, centenas o miles de desconocidos y sentir que son importantes, que son reconocidos, que son 'famosos'.

Este sentimiento de popularidad instantánea oculta al sentido común la realidad de la vulnerabilidad a la que se expone el muchacho y principalmente la muchacha que coloca su foto(s) con el deseo de compartir con los más cercanos los momentos más importantes de su vida capturados por las cámaras digitales de sus celulares.

Desafortunadamente en la etapa de la adolescencia, muchas muchachas caen en la trampa de creer, sin conocimiento de cómo funcionan esas páginas web, que las fotos o los videos que colocan en estas páginas del Internet son solo vistos por la lista de sus contactos. Desconocen que hay inescrupulosos que pueden extraer de dichas páginas web las fotos, los videos y la información personal de las jóvenes para colocarlos en páginas abiertas a clientes ávidos que desean consumir lo que ellos ofrecen. A diario se escucha la queja de una adolescente que colocó fotos de sí misma, algo atrevidas o provocativas, con el deseo de compartirlas con alguna amistad intima, que dichas fotos las han visto aparecer en páginas web donde comercian sexualmente dichas imágenes.

En la mayoría de estos hurtos, las adolescentes no tenían la intención de que sus fotos fueran expuestas al consumo masivo de quienes son clientes continuos de este tipo de imágenes eróticas o pornográficas. Una vez colocada esas fotos, sacarlas de dichas páginas web es una lucha titánica pues quienes las hurtaron normalmente sus nombres no son conocidos, la organización que sostiene la pagina web no es identificable, y los administradores de las mismas son fantasmas.

En estos momentos es fácil darse cuenta la falla del sentido común que no se utilizó antes para caer en cuenta que en el Internet, las paginas sociales, están expuestas a que cualquiera, con los conocimientos de computación suficientes puede y de hecho entran en estas páginas sociales y se roban a sus anchas las fotos de las personas; después las modifican para venderlas como objetos sexuales. De manera similar venden los datos más íntimos de cada uno con muy pocas probabilidades de ser responsabilizados por el impacto que dichos hurtos puedan tener en la fama, o en la imagen pública de la persona afectada.

El sentido común puede concluir que si no quieres exponerte a que trafiquen con tu imagen y nombre lo más prudente es no colocar tu imagen en estas redes sociales a las que tantos 'hackers' tienen acceso.

Momentos de la Vida no reflexionados

Sustos inocentes, traumas de largo plazo

Hay quienes piensan que un buen susto es motivo de risa y que no tiene consecuencias graves para quien lo recibe. Gozan tanto con la cara de susto de su víctima que llegan a convertirse en constantes productores de sustos, cada vez más refinados, sin medir el impacto que pueden darle a quien lo recibe.

Desafortunadamente los sustos pueden tener graves consecuencias en aquellas personas impresionables, aquellos que ya han tenido algún trauma causado por miedo, o quienes tengan algún problema sicológico asociado con el susto.

No medir las consecuencias de un susto en los demás es caer en la misma trampa-categoría de no creer que *todas* nuestras acciones tienen consecuencias, por más leves que sean en su impacto. Más de una persona ha quedado gravemente afectada por un susto cuando este llega a lo más profundo de la psique y lo deja marcado para siempre. Se pasan el resto de su existencia con el espectro de 'la oscuridad amenazante', con la asociación 'del ruido de una tabla que cruje en la oscuridad' porque le recuerda la noche en que de pequeño se asustó al oír ese ruido hasta quedar petrificado debajo de las cobijas de su cama donde se refugió, o cuando el que lo asustó salió de un closet con una máscara de diablo pegando alaridos.

Cada vez que se encuentra en condiciones similares revive el susto original y queda paralizado de terror, inmóvil para defenderse, incapaz de controlar el terror instintivo que le surge como avalancha de emociones asfixiantes. Algunos requieren terapia sicológica para superar el trauma que se originó con un aparente "susto inofensivo" al que no se le dio un segundo de reflexión para caer en cuenta de su posible impacto.

Quien crea que no hay impacto en un susto debe experimentar el ser víctima de uno de calibre para poder sentir el pánico que experimenta el asustado. Entonces el sentido común puede registrar lo que se afirma al decir que los sustos tienen impactos nocivos en la sicología de los asustados y que por lo tanto no se deben hacer a la ligera porque no se sabe de antemano cuánto va a afectar al que lo recibe.

Renunciando a una lógica contundente

Es interesante caer en cuenta de que hay momentos en la vida en los que la lógica del sentido común parece suspenderse como si esta no existiese o no tuviese nada que ver con lo que se está viviendo en ese momento.

Es el caso del famoso celular que no apagamos cuando nos vamos a dormir, cuando estamos ocupados haciendo algo que nos demanda nuestra completa concentración, cuando no necesitamos ser distraídos de algo importante que estamos haciendo en ese momento.

Cuando no oprimimos el botón de "Off", casi con certeza matemática, el celular suena en el momento menos apropiado incitándonos a interrumpir lo que estamos haciendo porque, por alguna razón no bien definida, la llamada es "más importante" que lo que se está llevando a cabo, aunque sabemos, casi con certeza absoluta, que nada es más importante que lo que estamos haciendo. El sentido común dicta que si lo que se está haciendo es lo más importante en ese momento, se debe apagar el celular o dejarlo sonar y después responder a la llamada.

Lo más interesante es la reacción de rabia, de furia, de incomodidad que expresamos cuando el celular nos interrumpe cuando lo que deberíamos caer en cuenta (y obrar de manera conforme) es que esta molestia y malestar nos ocurren por el simple hecho de que no apagamos el celular para no ser interrumpidos. Algo tan sencillo y sin embargo, algo tan olvidado. Lo más obvio y de mayor sentido común es sencillamente apagar el celular para que no nos interrumpa y volverlo a prender cuando estemos listos para ser interrumpidos. Simple lógica que pasamos por alto en una forma casi mágica.

Hay otra instancia cuando el sentido común se pierde. Nos ocurre cuando estamos invitados a cenar, o almorzar con amigos o parientes. En muchas ocasiones han preparado algo que de antemano sabemos que nos va a caer mal porque la experiencia del pasado ha sido esa: comemos lo que nos ofrecen, y por no 'hacer sentir mal' al que nos invitó comemos de lo preparado y después estamos sufriendo en casa un malestar estomacal de marca mayor, o peor, una fuerte intoxicación. No falta la ocasión en que tenemos que pasar un mal rato vomitando lo ingerido o tomándonos algún calmante estomacal.

Esta reacción varía de persona a persona. Algunas no pueden ni oler los mariscos cuando tienen una reacción alérgica inmediata, tan fuerte que tienen que ir a urgencias a un hospital. Otros tienen efectos secundarios como falta de respiración, dificultad para moverse, dolores abdominales intensos. Puede ocurrir con el maní y sus derivados, con carne de puerco, y hasta con la sazonadora cebolla cruda.

Independientemente de qué es lo que nos cae mal, el hecho es que si lo ingerimos tenemos que sufrir las consecuencias. Lo más lógico y sencillo sería avisarle al que nos invita que tenemos una reacción alérgica a tal o cual alimento y que por favor no lo prepare. Si necesita o quiere preparar ese alimento para los demás invitados, que lo haga y le sugieres lo que puedes comer para que la persona que invita tenga una opción de qué puede preparar que no te haga daño. Si esto no es posible, entonces lleva lo que si puedes comer, claro poniendo en aviso al que invita, so pena de pasar una vergüenza adicional, la de aparecerte con tu propia comida cuando has sido invitado a disfrutar lo que el anfitrión ha preparado. Lo que es cierto y de sentido común es que es mucho más fácil lidiar con esta molestia social que le causarás al anfitrión que sufrir las consecuencias de la intoxicación por no haber hablado a tiempo.

Temas intocables

Hay ciertos temas que el sentido común enseña que es mejor no tocarlos si no se quiere correr el riesgo de dañar una amistad o ponerla a prueba irremediablemente cuando no se sabe cuál es la posición del otro al respecto de ellos. Estos son la religión y la política.

Veamos primero la política. En este campo formamos nuestras opiniones de muchas maneras, unas porque es la posición política de mis padres y de muchos de los miembros de la familia extendida. Así que, sean de derecha o progresistas, si oigo continuamente un determinado discurso ideológico termino por sentir afiliación a esa manera de ver y juzgar los acontecimientos políticos del país.

Luego se dan las experiencias directas de la actividad política. Si de alguna manera he estado involucrado formalmente con un partido, si he participado en sus reuniones o sus desfiles, si he ayudado a pegar los afiches de los candidatos, si he colaborado con la organización de algún mitin popular, si he tenido la oportunidad de hablar en público a favor de una posición del partido o a favor de un candidato especifico, lo más probable es que tenga una fuerte alianza con ese partido y un convencimiento profundo de que es el partido que debe estar en el poder. No es de extrañarse, pues, que con esa intensa experiencia en la política esté convencido de que es el partido que debe gobernar. Encontrarse con un conocido, incluso un amigo, que sea de diferente partido, que piense contrario a mis convencimientos políticos casi que asegura el choque de opiniones. Si el otro tiene el mismo nivel de convencimiento de la validez de su partido político y de las tesis que defiende, es casi seguro que habrá un enfrentamiento sin solución. Cada uno querrá convencer al otro de la validez de su partido y el punto de encuentro constructivo se desvanecerá como nube barrida por el viento.

El sentido común sugiere que en este ámbito se respeten las posiciones políticas sin intentar convencer al otro que debe aceptar mi punto de vista, ni la de mi partido, lo que no implica dejarle saber cuál es mi filiación política. La aceptación de mis argumentos podrá llegar a ser la conclusión a la que tal vez pueda llegar cuando vea y experimente la validez de los mismos. Pero probablemente no seré yo el más indicado para presentarlos, mucho menos para convencerlo. Las emociones están demasiado caldeadas a favor del propio partido para que pueda haber un diálogo calmado. Es necesario darle a cada uno el espacio suficiente para que pueda analizar la plataforma del otro sin tener que entrar a defender su propia posición y atacar la del otro.

Algo parecido ocurre en el campo de las creencias religiosas. Estas tocan fibras emocionales más profundas porque supuestamente cada religión tiene las respuestas a los interrogantes más perennes del hombre que lo han asechado desde que pudo hacerse la pregunta de si hay vida después de la muerte, si Dios existe cuando se verifica tanta maldad en el mundo, si los trasgresores tienen castigo justo porque da la impresión que mientras están en la Tierra pueden hacer lo que les da la gana impunemente sin que autoridad alguna los castigue; si la vida tiene sentido cuando virtualmente no se pueden controlar los factores que nos causan tristeza, que nos enferman, que nos apabullan, que nos muelen moral y sicológicamente pues no encajan con nuestra percepción de justicia

Todos estos interrogantes nos acosan y nos ahogan. La religión se presenta con respuestas supuestamente válidas que nos dan un mínimo margen de paz y seguridad. Cuando estamos convencidos de esto, queremos no solo defender dichas respuestas sino que estamos deseosos de convencer al otro de la verdad de dichas respuestas. Buscamos imponer la lógica que nos ha dejado satisfechos y somos intransigentes para aceptar a aquel que piensa diferente o que no está de acuerdo con nuestras convicciones religiosas.

Cuando esto ocurre en un ámbito tan sagrado e importante en la vida individual y colectiva, estamos dispuestos a lanzarnos contra el amigo de otrora porque lo catalogamos entonces como 'infiel'., 'no-creyente', 'indigno', ''ateo'', ''materialista'', ''enemigo de Dios'', "destructor de lo sagrado", 'emisario de Satanás'...Con este tipo de calificativos se pretende neutralizar al que piensa diferente, al que proclama una versión distinta de lo que oficialmente dice mi religión porque considero la mía como la única, verdadera y auténtica revelación de Dios.

Frente a esa posición que no admite conversación desapasionada, ni análisis, ni revisión crítica, ni perspectiva diferente es virtualmente imposible dialogar. Intentarlo es básicamente abrir las puertas de un enfrentamiento que termina con la amistad que se tenía, con la relación madura que se venía cultivando.

Cuando la posición es de intransigencia en estos puntos, y esta se descubre muy pronto, el sentido común sugiere fuertemente que es mejor no abrir esa caja de Pandora, y sí respetar profundamente la posición y convicción del otro. Si ambos tenemos 'la verdad de lo revelado' y la abrazamos firmemente, ambos creemos que vamos a alcanzar la meta prometida por dicha revelación. No es necesario obligar al otro a que abandone sus creencias. Las respetamos siempre y cuando no violen los principios básicos de derechos humanos que hemos aceptado como universales y a los que no queremos abdicar porque estos ya han sido consagrados como tales por más de una centena de países, independientemente de las creencias religiosas de cada uno.

Obligar, pelear con el amigo o el conocido para que acepte mis creencias religiosas o mis convicciones políticas es la forma más eficaz de terminar con la amistad o la relación. De ahí que el sentido común concluya que es mejor no abordar dicho campo si el intercambio de ideas va a provocar un choque irremediable que acabará con la amistad que se tenía.

El desarrollo integral

Qué interesante es constatar cómo se va evolucionando en la vida en lo que se refiere a priorizar qué es lo más importante de nuestra existencia. Comienza con la desentendida forma de existir de la infancia en la que se vive en forma liviana, despreocupada del futuro porque se vive en el momento, para el momento. A medida que se crece se va poco a poco tomando consciencia de que somos los artífices de nuestro propio destino; concepto virtualmente imposible de adquirir en la infancia.

De la primera infancia durante la cual no nos preocupa nada que tenga que ver con asumir una responsabilidad consciente sobre nuestro cuerpo ni sobre nuestras acciones, se pasa a una larga etapa donde se da una toma de consciencia de que vivimos dentro de un cuerpo, que es a la vez el sustrato de quienes somos, y que es necesario que nos preocupemos de su desarrollo, de su fortalecimiento, de convertirlo en un instrumento eficaz y eficiente para alcanzar nuestras metas. De esta toma de consciencia nacen los futuros campeones olímpicos, los jugadores profesionales de futbol, los alpinistas, los exploradores, los marinos, los deportistas de todas las ramas, los investigadores, los ingenieros, los doctores. El cuerpo adquiere una preeminencia sobre los otros aspectos de nuestra vida cotidiana. Lo afinamos y perfeccionamos para triunfar. Por eso nos esforzamos grandemente para que este se mantenga en las óptimas condiciones que se requieren para llevar a cabo las actividades que nos darán el triunfo.

A la par también nos esforzamos por cultivar nuestra inteligencia zambulléndonos en el mar de los conceptos que nos invaden cubriendo múltiples áreas del saber: la biología, la física, la matemática, la sicología, la sociología, las ingenierías, la medicina, el arte. Todas estas áreas están repletas de proposiciones, estadísticas, hipótesis, y teorías que nos enriquecen sin parar en este continuo caminar por el sendero interminable de las ideas y de los conceptos.

Pero con frecuencia el sentido común se obnubila con este abanico de posibilidades de aprendizaje y relega a un tercer o a un cuarto lugar de importancia otra área de nuestro desarrollo igualmente importante: la espiritual. Sin ella, nuestra formación queda truncada, deja de ser integral. Esto por la sencilla razón que nos damos cuenta que esta dimensión existe dentro de nosotros y que tiene igual importancia existencial que cualquiera de las otras áreas. Cultivarla con igual intensidad, por lo tanto, es uno de nuestros deberes conscientes y esenciales para conseguir el desarrollo equilibrado de quienes somos.

El sentido común fácilmente puede concluir que entre más integral sea el desarrollo del individuo tanto más completo será su crecimiento. Cuando hay equilibrio en el desarrollo de todas las áreas esenciales de la persona, tanto mayor será su crecimiento. El área espiritual no debe quedar relegada a un ritual formal de una vez por semana porque con esta ínfima actividad no hay crecimiento vigoroso, similar al que se está teniendo en las otras áreas.

El Espíritu requiere su propio alimento. Este, al igual que cualquier otro alimento, debe dársele todos los días para que tenga efecto y contribuya al crecimiento. Dejarlo relegado a un acto ceremonial esporádico no contribuye sustancialmente al crecimiento que el Espíritu puede tener. Al igual que las otras aéreas, dicho crecimiento no tiene límites, pero hay que darle la oportunidad de ejercitarse con la misma frecuencia e intensidad que se le brinda a los otros aspectos de nuestro crecimiento. De lo contrario, habrá un déficit notorio en la integridad del que se desarrolla. Es como si al cuerpo se le negara la proteína diaria que necesita y creer que sin ella puede mantener y sostener las funciones que de ella dependen. Es por lo tanto de igual importancia el conscientemente llevar a cabo el desarrollo del Espíritu dándole la nutrición diaria que necesita y el ejercicio de sus facultades que requiere para su fortalecimiento.

Quien así cultiva el sentido común en esta área, puede tener la seguridad que está haciendo la mejor inversión para lograr la finalidad para la cual venimos a la existencia: convertirnos en seres luminosos que puedan inspirar a otros a ser mejores mientras uno mismo manifiesta lo mejor de sí mismo.

Conclusiones

El sentido común no viene por sí solo, es el producto de la reflexión consciente, de la autocritica positiva, y del poner en práctica lo que dichas reflexiones han enseñado. Sin estos pasos, el sentido común se queda en un bello concepto pero no desciende a la vida personal, no impacta al individuo, no lo hace crecer, no lo impulsa a poner metas más altas por alcanzar, no humaniza su ego, no consigue darle el sentido lógico a la vida frente a las múltiples manifestaciones que esta le brinda a diario. Caer en cuenta de este proceso, hacer la reflexión consciente, la autocrítica y el análisis para poner en práctica las conclusiones a las que se llega es regalarse a sí mismo un instrumento de crecimiento personal que no tiene límites, pues el proceso se puede hacer hasta el último momento de vida terrenal que se tenga.

El sentido común puede llegar a ser una de las mejores facultades que poseemos para descubrir qué es lo que más nos beneficia personalmente y a los demás, pues a medida que lo desarrollamos y lo aumentamos vamos haciendo cada vez más conexiones entre nuestras acciones y las consecuencias que ellas tienen sobre uno mismo y sobre los demás. Esto se vuelve más valioso a medida que se van aumentando esas conexiones y vamos discerniendo cuáles de nuestras acciones tienen repercusiones negativas tanto en nosotros mismos como en los demás. Este crecimiento paulatino nos permitirá evitar causar daño a quienes estimamos, precisamente porque el sentido común nos ilumina cuáles son las consecuencias dañinas que nuestros comportamientos tienen en los amigos y en quienes más queremos.

El sentido común puede darnos la guía necesaria para llevar a cabo los comportamientos correctos que nos ayuden a crecer interiormente. Esto es consecuencia natural del punto anterior, pues toda decisión de autocontrol para no maltratar a los demás es un peldaño más que subimos en nuestra larga jornada de crecimiento interior, el verdadero y más auténtico desarrollo que debe ser prioritario en nuestras vidas.

Dos de los diccionarios citados al inicio del libro definen al sentido común como: las creencias o proposiciones que benefician a la mayoría de una sociedad (familia, clan, pueblo, nación o entera humanidad) y como: la capacidad que tiene la mayoría de las personas para juzgar y proceder acertadamente (diccionario Kapelusz). Esto permite afirmar que el sentido común tiene implícitamente un componente de reflexión crítica que puede descubrir las falacias de los argumentos falsos que los demás adoptan para justificar su errónea posición o comportamiento nefasto. Lo logra porque el sentido común, utilizando una lógica sencilla, descubre y desenmascara los argumentos falsos de aquellos que no hacen caso a lo que el sentido común puede brindarles para guiar sus comportamientos.

Los que así obran han rehusado aprovechar lo que la lógica y la experiencia de la vida les brinda para nutrir su sentido común de manera que este participe de las "creencias o proposiciones que benefician a la mayoría de una sociedad". Descubrir los argumentos falsos y su contexto de justificación es el triunfo de la razón sobre el impulso, el triunfo del individuo sobre la presión de grupo, el triunfo del recto obrar sobre aquellos que pretenden imponer su visión deformada de la realidad como si esta fuera la más válida y auténtica.

El sentido común requiere de esfuerzo y constancia en el análisis de lo vivido para obtener la perspectiva correcta que ha de permitir acertar en los comportamientos que se elijan. Ningún comportamiento correcto está exento de esfuerzo, de constancia y de tenacidad en su realización. Por lo general los comportamientos correctos, deseables y beneficiosos son más difíciles de realizar que aquellos que fácilmente realizamos para satisfacer nuestros deseos superficiales, para obtener una venganza, para denigrar al otro, para oprimir y subyugar a quien no respetamos y consideramos inferior.

El sentido común pone al otro como la medida justa y equitativa de cuáles deben ser mis actuaciones de manera que estimulen mi crecimiento personal. Al poner al otro como dicha medida me coloca a mí en otro nivel, el del respeto y del servicio. En este nivel el ego se subordina al bienestar del otro, forzándome a salir fuera de mi mismo lo que inmediatamente coloca mi egocentrismo al servicio de los demás. Quien pone a los demás como el objetivo de sus acciones de servicio logra superar las prisión asfixiante que el ego puedo armar alrededor de si mismo colocándose como el centro del universo, pretendiendo que los demás solo están para servirle, para satisfacer sus necesidades y deseos. El yo, forzado a salir fuera de sí mismo, descubre que la felicidad se experimenta a plenitud cuando hacemos felices a los demás, pues no hay mayor gozo que el que brinda el saber que se ha hecho algo para que alguien se sienta mejor, encuentre alivio, se sienta escuchado, verifique que hay alguien a quien le importa su existencia, y que encuentre en uno el punto de apoyo para seguir luchando sin dejarse derrotar.

Cultivar el sentido común es rescatarlo de las penumbras del sentido menos común donde solemos enviarlo encerrándolo en la prisión de lo ilógico de nuestras acciones. Hacer que el sentido común sea el que dirija nuestras vidas es darnos la mejor oportunidad para crecer interiormente y llegar al desarrollo de nuestro potencial, convirtiéndonos en los gigantes del Espíritu para lo cual hemos venido a la Existencia.

Printed in the United States
By Bookmasters